그림으로 쉽게 이해하는 알고리즘

알고리즘 첫걸음

알고리즘 첫걸음

초판인쇄 2020년 1월 6일
초판발행 2020년 1월 13일

지은이 | 양성봉
펴낸이 | 김승기
펴낸곳 | ㈜생능출판사 / 주소 경기도 파주시 광인사길 143
출판사 | 등록일 2005년 1월 21일 / 신고번호 제406-2005-000002호
대표전화 | (031) 955-0761 / 팩스 (031) 955-0768
홈페이지 | www.booksr.co.kr

책임편집 | 유제훈 / 편집 신성민, 김민보, 권소정
디자인 | 유준범(표지디자인) / 디자인86(본문디자인)
마케팅 | 최복락, 심수경, 차종필, 백수정, 최태웅, 명하나, 김범용
인쇄제본 | (주)상지사P&B

ISBN 978-89-7050-998-3 13000
값 15,000원

- 이 책의 국립중앙도서관 출판예정도서목록(CIP)은 서지정보유통지원시스템 홈페이지(http://seoji.nl.go.kr)와 국가자료공동목록시스템(http://www.nl.go.kr/kolisnet)에서 이용하실 수 있습니다.(CIP제어번호: CIP2019049978)

그림으로 쉽게 이해하는 알고리즘

알고리즘 첫걸음

양성봉 지음

생능출판

머리말

얼마 전까지만 해도 낯선 단어였던 알고리즘은 이제 우리 생활 곳곳에서 사용되고 일상화되어 가고 있다. 아침에 눈을 뜨면 알고리즘이 하루 계획을 알려주고, 운전할 때는 최적 경로를 알려준다. 또한 우리가 매일 사용하는 스마트폰 앱, 소셜 네트워크를 통한 친구와의 소통, 인터넷/모바일 쇼핑 등 셀 수 없이 많은 것들 뒤에서 알고리즘은 우리 생활에 많은 편의를 제공하고 있다.

지금까지 외서를 번역한 책들을 비롯하여 어린이들을 위한 알고리즘 책들부터 전공 서적에 이르기까지 많은 알고리즘 책들이 출간되었다. 그중 대학교 전공 서적은 적어도 프로그래밍과 자료구조라는 과목을 수강한 학생들을 위한 교과서이기에 일반 독자들이 읽기에는 매우 난해하다. 어린이들과 일반인들을 위한 알고리즘 책들은 그 내용적인 측면에서 볼 때 알고리즘 전공 서적 같이 체계적으로 알고리즘을 다루고 있지 못하고 있어 미흡한 부분이 보인다.

이 책은 일반적인 알고리즘 분류 체계에 따라 비교적 쉬운 문제들에 대한 알고리즘을 소개하고 있다. 특히 대표적인 알고리즘 분류에 따라 쉽게 이해할 수 있는 문제들을 어떻게 해결하는지를 살펴가며, 몇몇 알고리즘들이 갖고 있는 공통점을 발견하는 방식으로 알고리즘들을 자연스럽게 구분해보는 것도 오히려 독자들이 알고리즘을 이해하는데 많은 도움이 되리라 생각된다.

- Part 3의 '나누어 풀어보자'는 분할 정복 알고리즘
- Part 4의 '욕심내어 풀어보자'는 그리디 알고리즘
- Part 5의 '작은 것들부터 풀어보자'는 동적 계획 알고리즘
- Part 6의 '되돌아가며 풀어보자'는 백트래킹 알고리즘
- Part 7은 재미있는 정렬 알고리즘을 설명한다.

물론 이외에 다른 종류의 알고리즘들이 있으나 이들을 이해하려면 컴퓨터의 전공 지식이 요구되어 이 책에서는 이들을 다루지 않았다.

이 책은 가능한 한 컴퓨터의 전문 지식 없이 보다 쉽게 알고리즘을 이해할 수 있도록 집필되었다. 사실 알고리즘을 쉽게 설명하기는 알고리즘을 고안하는 것보다 더 힘들 때가 많다. 왜냐하면 컴퓨터 용어를 거의 사용하지 않고 단계적인 절차를 간단히 표현한다는 것 자체가 매우 힘들기 때문이다. 아무리 컴퓨터의 전문 지식이나 용어의 사용을 회피하려 해도 몇몇 알고리즘을 설명할 때엔 그렇지 못한 부분도 있다고 생각한다. 그래서 본서에서는 캐릭터들을 이용하여 보다 친근감을 가지고 책을 읽을 수 있도록 하였다.

이 책은 주어진 문제들에 대해 알고리즘의 성능을 나타내는 시간 복잡도에 대한 분석을 제외하였다. 또한 본서에서 설명된 알고리즘들보다 효율적인 알고리즘이 있는 경우, 이에 대한 설명도 생략하였다. 이러한 부분을 언급하지 않은 이유는 이러한 설명 자체가 알고리즘의 재치 넘치는 아이디어를 음미하는데 독자들의 집중을 빼앗고 오히려 많은 부담감을 주는 동시에 대다수의 경우 컴퓨터 전공 지식을 필요로 하기 때문이다.

이 책의 각 Part의 내용을 소개하면 다음과 같다.

Part 1 알고리즘에 대해 알아보자
알고리즘이 무엇인지 알아보고 다양한 알고리즘들을 분류해본다.

Part 2 가볍게 두뇌를 풀어보자

약병 찾기, 빠진 숫자, 과반수 넘는 구슬, 사이클, 한붓그리기를 차례로 다루면서, 특히 조건이 부가됨에 따라 어려워진 문제들의 해결 과정을 소개한다.

Part 3 나누어 풀어보자

분할 정복(Divide-and-Conquer) 알고리즘으로 해결되는 가짜 동전, 반으로 나누어 찾기, 퀵 정렬, k번째 작은 수, 가장 가까운 두 점 찾기 문제들에 대한 알고리즘들을 설명한다.

Part 4 욕심내어 풀어보자

그리디(Greedy) 알고리즘은 Top-down 방식으로 최적화(최댓값 또는 최솟값을 찾는) 문제를 해결하는 알고리즘이다. 동전 거스름돈, 물건을 부분적으로 담을 수 있는 부분 배낭 문제, 특수한 숫자들 중에서 숫자 선택, 최소 비용으로 연결, 가장 짧은 길 문제를 해결하기 위한 그리디 알고리즘을 각각 소개한다.

Part 5 작은 것들부터 풀어보자

가장 긴 순서 찾기, 가장 즐거운 여행 경로 찾기, 동전 게임, 물건을 통째로 담는 배낭 문제를 해결하기 위한 동적 계획(Dynamic Programming) 알고리즘을 소개한다. 특히 배낭 문제를 위한 알고리즘은 어떤 다른 알고리즘들에 비해 난이도가 높은 알고리즘이라 독자들이 이해하는데 어려움이 따를 수도 있다.

Part 6 되돌아가며 풀어보자

미로, 일반적인 숫자들 중에서 숫자 선택, 색칠하기, 여왕 말 문제를 백트래킹(Backtracking) 기법으로 해결해본다.

Part 7 재미있는 정렬

버블 정렬, 칵테일 정렬, 삽입 정렬, 카드 정렬, 팬케이크 정렬을 소개한다.

이 책은 일반 독자들을 위해 집필되었으나, 컴퓨터 전공자들도 알고리즘 과목을 수강하기 전에 읽으면 많은 도움이 될 것이다. 독자들이 알고리즘의 기본 개념을 체계적으로 이해함으로써 일상에서 접하는 알고리즘에 대한 이해도를 높이고 알고리즘에 대해 친근감을 가질 수 있기를 바라는 마음이다.

책이 완성되는 과정에서 많은 사람들의 도움을 받았다. 책 쓸 것을 제안하시고, 자료도 많이 구해주시고, 풍부한 저작활동 경험으로 지속적인 조언을 아끼지 않으신 같은 학과 최윤철 교수님과 한탁돈 교수님의 성원에 깊은 감사를 드린다. 아울러 이 책의 시작과 완성의 전 과정을 이끌어 주신 생능출판사 김승기 사장님과 출판 과정에서 여러 가지로 애써 주신 출판사 관계자분들께도 진심으로 감사드린다.

2019년 12월

저자 양성봉

차례

머리말

Part 1 알고리즘에 대해 알아보자

1-1 알고리즘이란? 13
1-2 알고리즘의 종류 17
연습문제 20

Part 2 가볍게 두뇌를 풀어보자

2-1 약병 25
2-2 빠진 숫자 29
2-3 과반수 넘는 구슬 31
2-4 사이클 36
2-5 한붓그리기 40
연습문제 43

Part 3 나누어 풀어보자

3-1 가짜 동전 51
3-2 반으로 나누어 찾기 54
3-3 퀵 정렬 57
3-4 k번째 작은 수 62
3-5 가장 가까운 두 점 67
연습문제 72

Part 4 욕심내어 풀어보자

4-1 동전 거스름돈 80
4-2 부분 배낭 83
4-3 숫자 선택 87

4-4 최소 비용으로 연결 92
4-5 가장 짧은 길 98
연습문제 107

Part 5 작은 것들부터 풀어보자

5-1 가장 긴 순서 113
5-2 가장 즐거운 경로 119
5-3 동전 게임 124
5-4 배낭 130
연습문제 137

Part 6 되돌아가며 풀어보자

6-1 미로 143
6-2 숫자 선택 145
6-3 색칠하기 148
6-4 여왕 말 150
연습문제 156

Part 7 재미있는 정렬

7-1 버블 정렬 163
7-2 칵테일 정렬 165
7-3 삽입 정렬 167
7-4 카드 정렬 169
7-5 팬케이크 정렬 179
연습문제 184

3 STEP
2 STEP
1 STEP

Algorithms

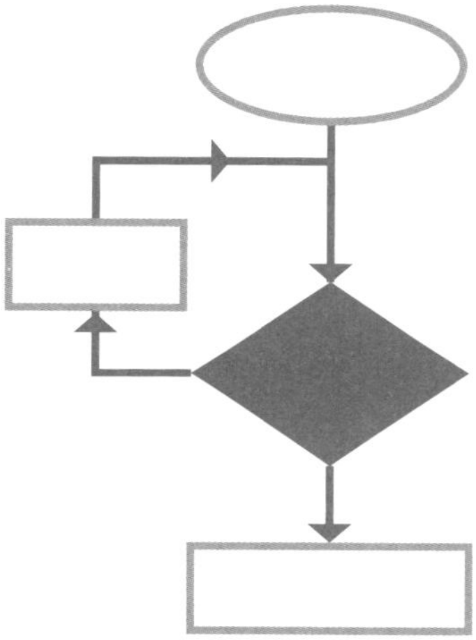

Part 1
알고리즘에 대해 알아보자

1-1

알고리즘이란?

알고리즘은 문제에 주어진 입력을 계산하여 해를 만들어준다. 흔히 알고리즘은 요리를 만드는 조리법과 유사하다고 한다. 예를 들어 카레라이스를 만들려면 채소와 고기를 적당한 크기로 썰고, 기름에 볶은 다음 물을 넣고 끓이다가 카레 가루를 넣어 저으면서 서서히 익혀 카레소스 만든다. 그리고 밥 위에 카레소스를 부어 카레라이스를 완성한다.

이 요리법에 따라 조리하면 마치 알고리즘이 해를 만들어주듯이 카레라이스가 만들어진다. 즉, 알고리즘은 요리하는 방법이라 할 수 있고 알고리즘이 해결한 답은 조리된 음식인 셈이다.

그러나 요리법과는 달리 알고리즘은 컴퓨터로 수행하기 위한 것이므로 알고리즘의 단계적인 절차에는 주관적인 판단에 따라 (입맛에 따라) 이렇게 해도 되고 저렇게 해도 되는 여지가 없다.

만일 문제가 입력으로 주어지는 숫자를 정렬하는 것이라면

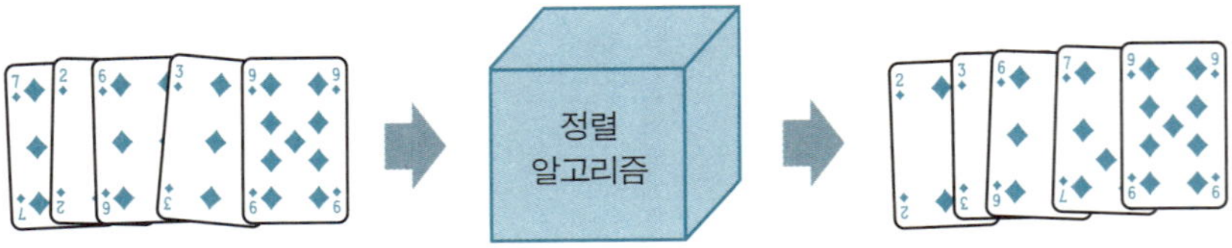

정렬 알고리즘은 정렬된 결과를 만들어주고, 문제가 출발점에서 도착점까지 가장 빠른 길을 찾아주는 것이라면

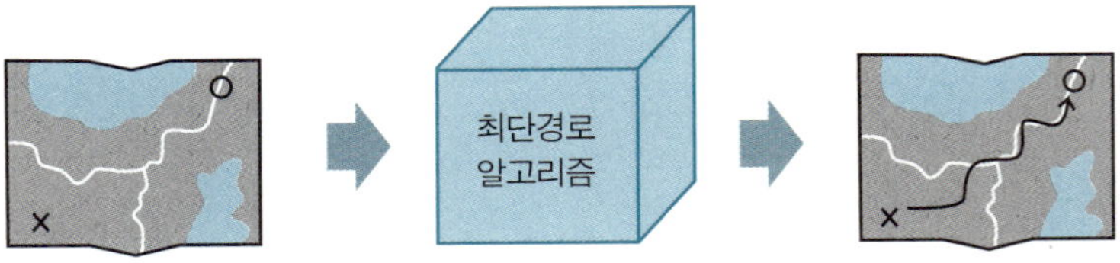

최단 경로 알고리즘은 가장 빨리 가는 길을 찾아준다.

그런데 블랙박스와 같은 알고리즘 상자를 살펴보면 그 속에서 단계적인 절차에 따라서 문제 해결을 위한 계산이 수행된다. 예를 들어 정렬 알고리즘에서는 숫자를 비교하고 숫자들의 자리를 바꾸는 등의 계산이 수행되고, 최단 경로 알고리즘에서는 출발점에 가장 가까운 점을 반복적으로 찾는 계산이 이루어진다.

알고리즘 상자 속에 무엇이 담겨있는지 개수를 세는 것을 가지고 살펴보자. 그림과 같이 마당에 강아지들이 놀고 있다. 강아지가 모두 몇 마리인지 세어보자.

먼저 강아지를 한 마리씩 세는 것을 알고리즘으로 표현해보자. 여기서 N은 강아지 수를 나타낸다.

```
N = 0
마당에 아직 카운트하지 않은 강아지가 있으면
    카운트 안 된 강아지 한 마리를 카운트하고
    N = N + 1
```

처음엔 N을 0으로 놓고, 마당에 카운트 안 된 강아지 한 마리를 카운트하고 N을 1 증가시킨다. 이를 반복하여 마당에 더 이상 세지 않은 강아지가 없으면 알고리즘이 끝나고, 그때의 N이 마당에 있는 강아지 수가 된다. 바로 이와 같은 알고리즘이 상자 속에 담겨있는 것이다.

그런데 우리는 보통 셈할 대상이 많은 경우엔 하나씩 세지 않고 "둘, 넷, 여섯, 여덟, 열"하고 두 개씩 센다. 이렇게 세는 것을 알고리즘으로 만들어보면 다음과 같다.

```
N = 0
마당에 아직 카운트하지 않은 강아지 쌍이 있으면
    카운트 안 된 강아지 한 쌍을 카운트하고
    N = N + 2
만일 카운트 안 된 강아지가 있으면
    카운트 안 된 강아지 한 마리를 카운트하고
    N = N + 1
```

위의 알고리즘은 그림의 강아지들을 한 쌍씩 5번 카운트하고, N = 10이 된 후에, 아직 카운트 안 된 강아지가 한 마리 있으므로 N = 10 + 1 = 11을 답으로 준다. 한 번에 둘씩 세면 한 번에 하나씩 세는 것보다 약 2배 빠르게 셀 수 있는 것을 알 수 있다. 이처럼 같은 문제에 대해서도 여러 종류의 알고리즘이 있을 수 있고, 그중에 보다 효율적인 알고리즘이 있을 수도 있다.

1-2

알고리즘의 종류

이 책에서는 소개하는 알고리즘들은 가능한 한 누구나 쉽게 이해할 수 있는 알고리즘들을 종류별로 구분하여 설명하고 있다. Part 3~6의 분할 정복, 그리디, 동적 계획, 백트래킹 알고리즘들은 컴퓨터 분야에서 가장 기본적인 알고리즘 분류 체계의 근간을 이루고 있는 알고리즘들이다.

사실 모든 알고리즘을 종류별로 구분하기 쉽지 않다. Part 2에 주어진 문제들에 대한 알고리즘들만 보더라도 그 특성이 각각 달라서 분류하여 어떤 유형의 알고리즘이라고 이름 짓기가 쉽지 않다.

그러나 문제를 해결하는 방식에 따라 알고리즘을 대체로 분류해보면,

- 확률 개념이 사용되는 랜덤(Random) 알고리즘
- CPU가 많은 컴퓨터에서 수행되는 병렬(Parallel) 알고리즘
- 네트워크상의 다수의 컴퓨터들이 협력하여 문제를 해결하는 분산(Distributed) 알고리즘
- 양자의 특성을 이용하여 개발되고 있는 양자 컴퓨터에서 수행할 수 있도록 고안된 양자(Quantum) 알고리즘
- 최적화 문제를 해결하기 위해 사용되는 유전자(Genetic) 알고리즘, 모의 담금질(Simulated Annealing) 알고리즘 등이 있다.

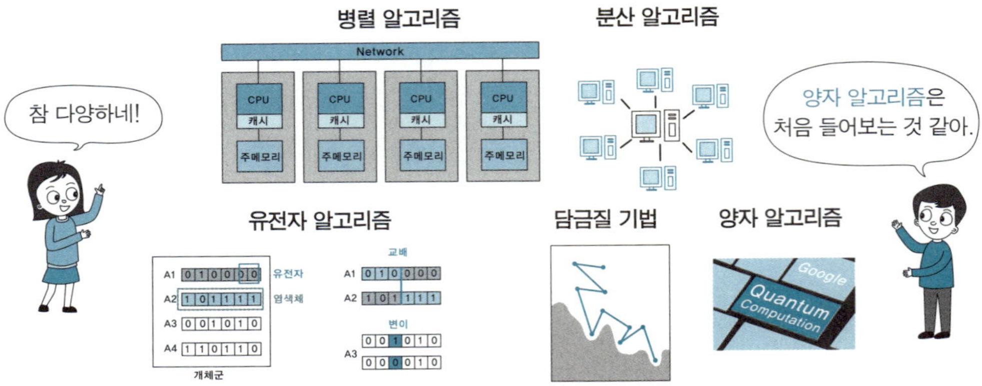

그 외에도 문제에 기반을 두어 알고리즘을 분류해보면,

- 정렬 문제를 해결하는 정렬 알고리즘
- 많은 데이터에서 주어진 것을 찾는 탐색 알고리즘
- 교통, 전력, 상하수도, 오일, 유전자, 소셜 네트워크 등 점과 간선들로 이루어지는 그래프 상의 문제들을 위한 그래프(Graph) 알고리즘
- 기하 문제를 해결하기 위한 기하(Geometry) 알고리즘 등이 있다.

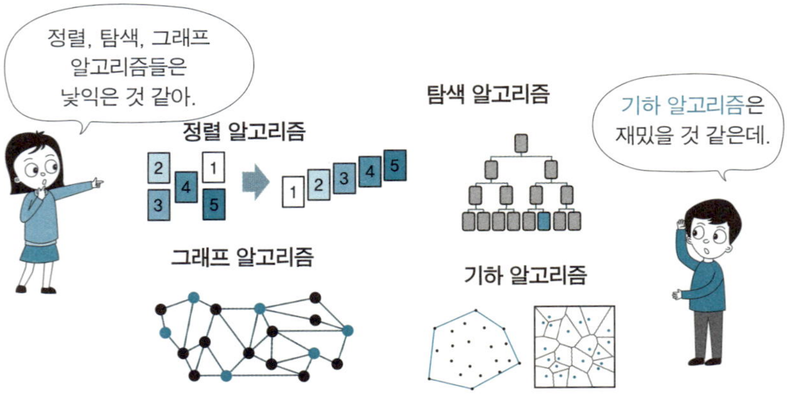

또한 특정 분야에 기반을 두어 알고리즘을 분류해보면,

- 암호학에서 다루는 암호 알고리즘
- 인공지능을 위한 각종 학습 알고리즘
- 생물정보학의 유전자 관련 생물정보 알고리즘 등이 있다.

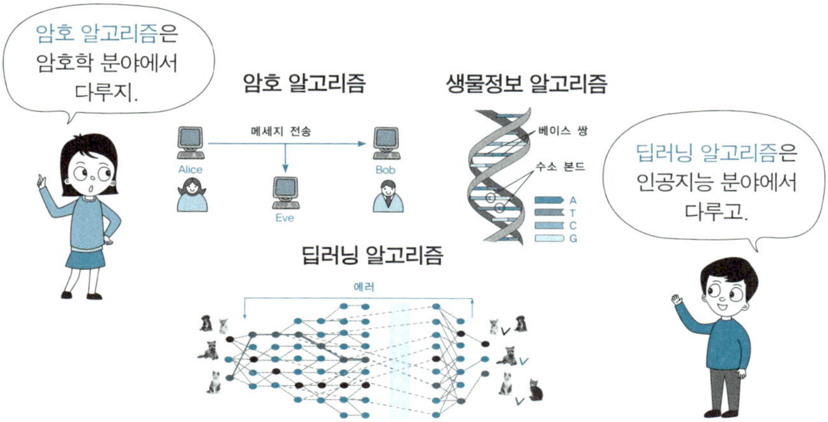

주어진 문제를 해결하기 위해 어떻게 알고리즘을 고안해야 할까? 이 질문에 대한 가장 중요한 답은 먼저 문제의 속성을 잘 파악하는 것이다. 따라서 어떤 문제는 분할 정복 알고리즘으로 해결하는 것이 더 효율적이고, 또 어떤 문제를 해결하는 데는 그리디 알고리즘이나 다른 방법이 더 나을 수도 있다.

또한 문제에 주어지는 입력의 특성도 아울러 주의 깊게 살펴보아야한다. 왜냐하면 실세계의 입력이 랜덤하게 주어지지만은 않기 때문이다. 그리고 기존 알고리즘들에 대한 분석과 새로이 고안한 알고리즘과의 비교를 통해 서로의 장단점을 살펴보는 것도 필수적이다.

연습문제

문제1〉 알고리즘의 정의를 사전 또는 위키피디아에서 찾아보자.

〔답〕 어떠한 문제를 해결하기 위해 정해진 일련의 절차나 방법을 공식화한 형태로 표현한 것

문제2〉 알고리즘이 답해줄 수 없는 문제를 일상에서 찾아보자.

〔답〕 ① 판사 대신에 재판하기

② 사람이 얼마나 행복한지, 슬픈지, 아픈지 등 판단하기

③ 기계적으로 계산할 수 없는 문제들

문제3〉 알고리즘은 문제의 올바른 답을 준다. 그러나 그렇지 않은 알고리즘도 있다. 틀린 답을 줄 수도 있는 알고리즘에 대해 알아보자.

〔답〕 어떤 랜덤 알고리즘은 틀린 답을 주기도 한다. 예를 들어 주어진 정수가 소수(Prime)인지를 테스트하는 알고리즘은 확률이 1/2 이하로 틀린 답을 준다. 그런데도 이 알고리즘이 실제로 사용되는 이유는 이 알고리즘을 주어진 숫자에 대해 한 번만 수행시키는 것이 아니라 100번 정도 수행시켜서 그 결과 소수라 판정되면 그 답이 맞을 확률이 $1-1/2^{100}$으로 거의 1.0에 가깝기 때문이다.

문제4〉 비트 코인과 같은 가상 화폐 시스템은 화폐 거래에 대한 인증을 어떤 컴퓨팅 환경에서 수행하는지 알아보자.

〔답〕 분산 환경(다수 컴퓨터가 연결된 상태에서 분산처리 시스템을 실현시키는 환경 혹은 구조. 원격시스템 간에 협동작업을 통해 자원을 공유하거나 필요한 정보를 주고받음)

문제5〉 양자 알고리즘에 어떤 것이 있는지 알아보자.

〔답〕 주어진 숫자를 $N^{1/2}$ 시간에 찾는 그로버(Grover)의 탐색 알고리즘, RSA 암호 시스템을 무용지물로 만드는 양자 인수분해(Factoring) 알고리즘(주어진 숫자가 어떤 소수들의 곱으로 이루어져 있는지 답해주는 알고리즘)이 대표적인 양자 알고리즘들이다.

A

알고리즘

ALGORITHM

알 콰리즈미

알고리즘이라는 용어는 9세기경 페르시아 수학자인 알 콰리즈미(al-Khwarizmi, 780~850)의 이름으로부터 유래되었다. 알 콰리즈미는 페르시아의 학자로 수학, 천문학, 지리학 등에 큰 업적을 남겼다. 특히 그는 인도의 숫자(힌두-아라비아 숫자)를 가지고 사칙 연산(덧셈, 뺄셈, 곱셈, 나눗셈)을 만들었고, 삼각 함수와 대수학에 기반을 둔 지도 제작법도 소개하였다. 그의 업적은 당시에는 세상에 알려지지 않았으나, 12세기경 그의 업적이 라틴어로 번역되면서 유럽으로 전파되었다.

대수학을 뜻하는 Algebra도 그가 저술한 논문에서 방정식에 대한 연산을 'Al-jabr'라고 하였다는 데서 유래되었다.

Brain Teaser

Part 2
가볍게 두뇌를 풀어보자

이번 Part에서는 약병 찾기, 빠진 숫자, 과반수 넘는 구슬, 사이클, 한붓그리기와 같은 재미있는 문제들을 살펴보려고 한다. 이 문제들은 특히 IT 회사들의 신입사원 면접 때 단골손님처럼 등장하며, 지원자들의 빠른 문제 분석과 해결 능력을 테스트하는 비교적 단순한 문제들이다. 특히 처음 4문제는 조건이 부가되면서 그 난도가 높아져서 그리 쉬워 보이지만은 않는다.

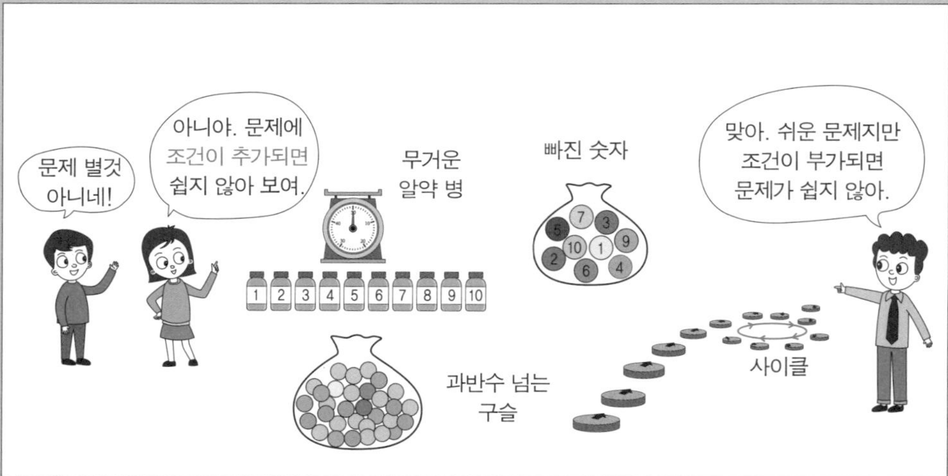

2-1

약병

같은 수의 알약이 담긴 10개의 병이 있다. 9개의 병에 들어있는 알약은 개당 1g인데 어느 한 병에만 1.1g인 알약들이 들어있다. 즉, 10개의 병들 중에 1개의 병에는 잘못 만들어진 알약이 들어있다.

저울을 마음대로 여러 번 사용할 수 있다면, 각 병에서 1개의 알약을 꺼내어 저울에 달아보면 언젠가는 저울이 1.1g을 가리킬 것이므로 쉽게 잘못된 약병을 찾을 수 있다.

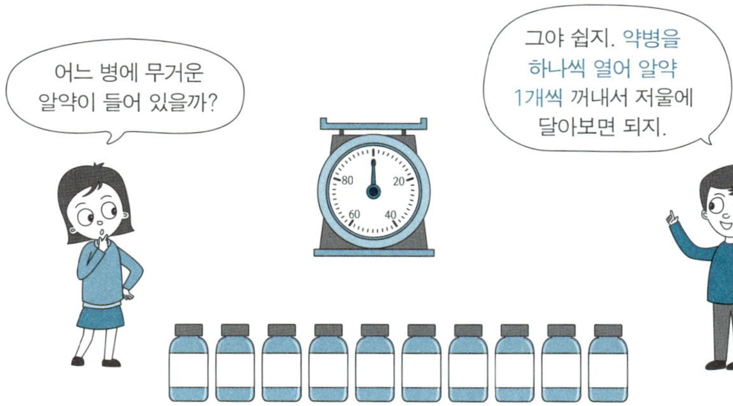

그런데 저울을 한 번만 사용하여 잘못된 약병을 찾아야 한다면 문제가 그리 쉬워 보이지 않는다.

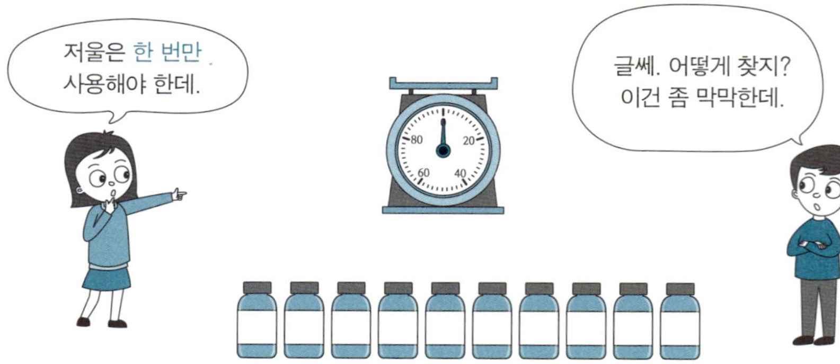

저울을 단 한 번만 달아야 한다는 것 자체가 오히려 문제의 힌트이다. 왜냐하면 모든 병에서 알약을 꺼내어 저울에 달아보지 않고서는 무거운 알약이 어느 병에 들어있는지 알 수 없기 때문이다.

그럼 각 병에서 몇 개의 알약을 꺼내어 달아야 할까? 같은 수의 알약을 모든 병에서 꺼내어 저울에 달아보면, 예를 들어 한 개씩 꺼내어 달아보면 10.1g이 된다. 그러나 1.1g짜리 알약이 어떤 약병에서 나왔는지 알 수 없다.

위와 같은 시도의 결과를 살펴보면 각 병에서 다른 수의 알약을 꺼내야 한다는 것을 말해준다. 또한 어느 병에서 몇 개의 알약을 꺼냈다는 것을 알고 있어야 잘못된 약병을 찾을 수 있다. 그런데 10개의 약병이 좌우로 나란히 놓여있지 않은가! 약병에 마치 번호가 좌에서 우로 1, 2, 3, … 10으로 붙여져 있다고 생각하자.

따라서 첫 번째 병에서는 1개의 알약을 꺼내고, 두 번째 병에서는 2개의 알약을 꺼내고, … 열 번째 병에서는 10개의 알약을 꺼낸다.

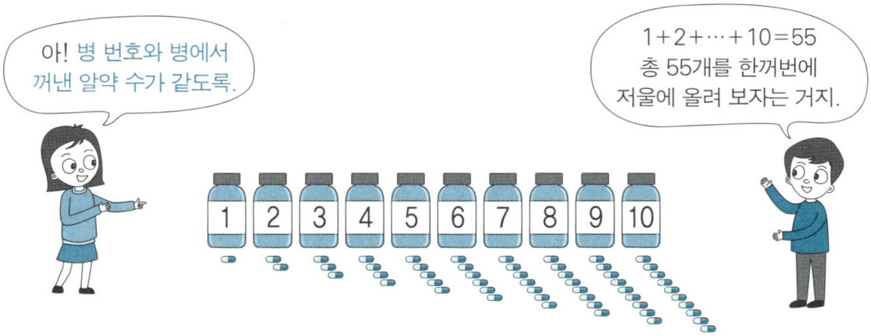

꺼낸 알약의 수는 1 + 2 + 3 + ⋯ + 9 + 10 = 55이며, 55개의 알약을 한꺼번에 저울에 올려 달아보면, 다음과 같이 어느 약병에 무거운 알약이 들어있는지 알 수 있다.

- 55.1g을 가리키면 첫 번째 병이 잘못된 약병이다. 왜냐하면 첫 번째 병에선 1알만 꺼냈으니 1.1 × 1 = 1.1g이다.
- 55.2g을 가리키면 두 번째 병이 잘못된 약병이다. 왜냐하면 두 번째 병에선 2알만 꺼냈으니 1.1 × 2 = 2.2g이다.
- 55.3g을 가리키면 1.1 × 3 = 3.3g이므로 세 번째 병이 잘못된 약병이다.

⋮

- 55.9g을 가리키면 1.1 × 9 = 9.9g이므로 아홉 번째 병이 잘못된 약병이다.
- 56.0g을 가리키면 마지막 약병이 잘못된 약병이다. 왜냐하면 마지막 약병에선 10알을 꺼냈으므로 총 1.1 × 10 = 11g이 마지막 약병에서 꺼낸 알약의 무게이고, 나머지 병들에서 꺼낸 알약들의 무게는 1 + 2 + ⋯ + 9 = 45g이기 때문이다.

만약 저울이 56.0g을
가리키면 10번 째 병이
잘못된 약병이지.
그렇지 않으면 저울이
55.Xg을 가리킬 테고. X가
바로 잘못된 약병 번호와
같으니까.

2-2

빠진 숫자

10개의 구슬이 있는데, 각 구슬에는 1에서 10 사이의 서로 다른 숫자가 적혀있다. 그중에서 1개의 구슬을 빼고, 9개의 구슬을 주머니에 담았다. 문제는 주머니에 담지 않은 구슬에 적힌 숫자를 찾는 것이다.

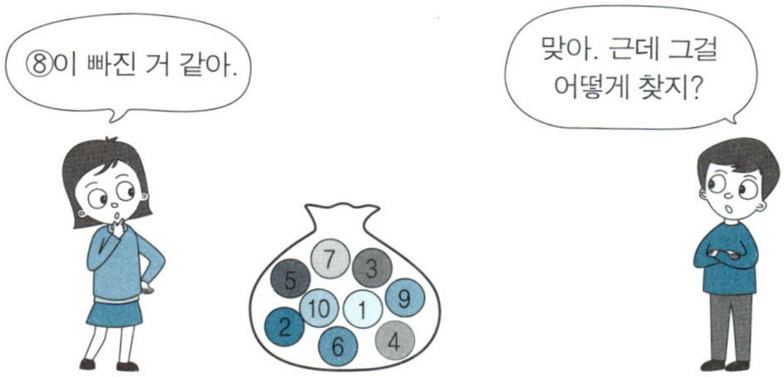

빠진 숫자를 가장 쉽게 찾는 방법은 주머니에서 구슬을 하나씩 꺼내어 구슬에 쓰인 숫자를 미리 준비한 표의 숫자에 해당하는 곳에 표시하는 것이다. 주머니에서 구슬을 모두 다 꺼냈으면, 이제 표를 보고 표시되지 않은 곳의 숫자를 찾는다. 이 숫자가 바로 빠진 숫자이다.

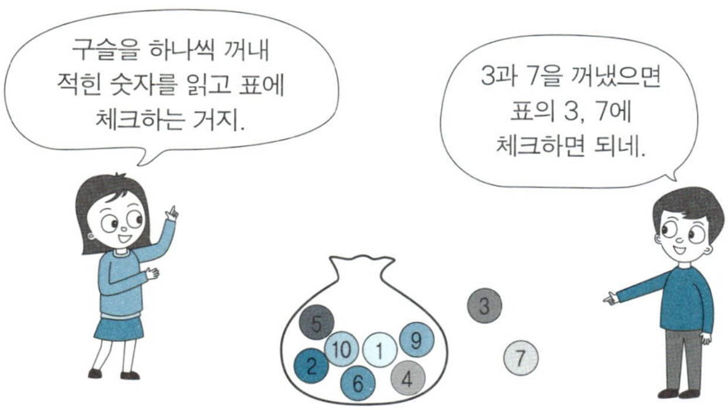

1	2	3	4	5	6	7	8	9	10
		V				V			

그런데 만일 구슬이 많아서 표를 만들어 사용할 수 없다면 어떻게 빠진 숫자를 찾아야 할까? 단, 종이 한쪽 귀퉁이에서 덧셈이나 뺄셈하는 것은 허용된다.

구슬이 많아 표를 사용할 수는 없지만, 이해하기 쉽게 구슬을 10개로 제한하여 생각해보자. 여기서 덧셈이나 뺄셈 계산이 가능하다는 것이 이 문제의 힌트이다. 왜냐하면 빠진 숫자는 1 + 2 + ⋯ + 10 = 55에서 주머니 속의 구슬에 적힌 숫자들의 합을 뺀 값과 같기 때문이다.

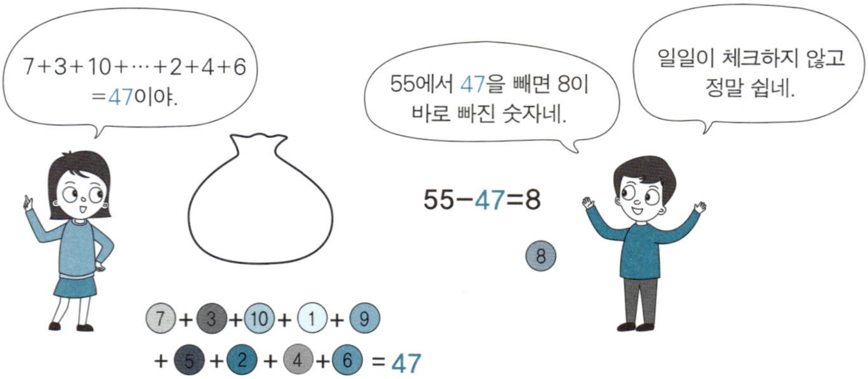

과반수 넘는 구슬

주머니에 여러 색의 구슬들이 있는데, 그중에 어느 한 색의 구슬들이 과반수가 넘는다. 과연 어떤 색의 구슬이 과반수를 넘을까?

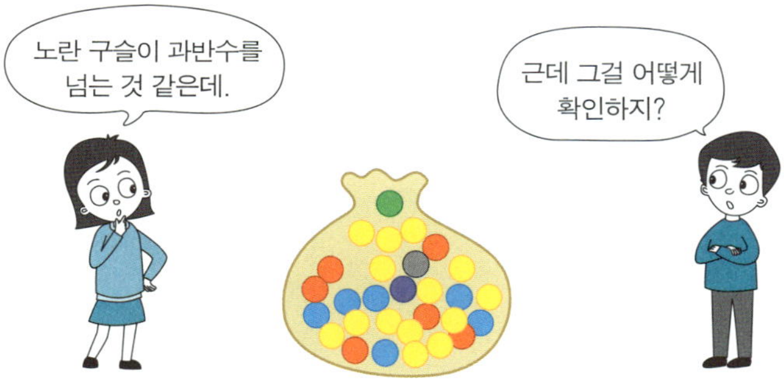

과반수가 넘는 구슬의 색을 가장 쉽게 찾는 방법은 주머니에서 구슬을 하나씩 꺼내어 구슬의 색에 따라 미리 준비한 표의 색에 해당하는 곳에 개수를 1씩 증가시키는 것이다. 구슬을 주머니에서 모두 다 꺼냈다면, 이제 표를 보고 가장 큰 수를 가진 색을 찾고 그 수가 전체의 반을 초과하면, 그 색이 바로 우리가 찾는 구슬의 색이다.

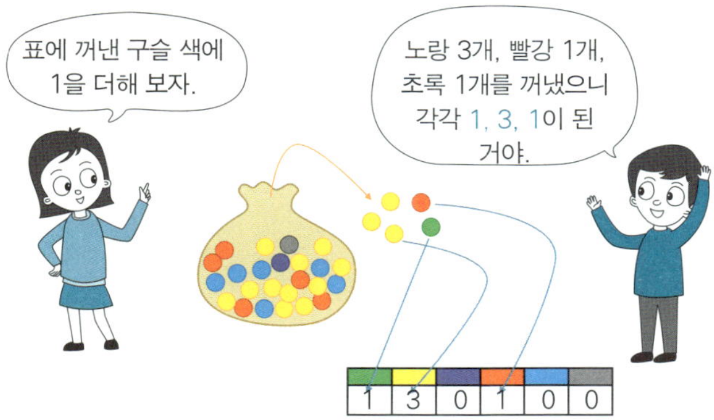

그런데 만일 표를 사용할 수 없고, 구슬들을 나열할 수도 없다면 과반수 넘는 구슬의 색을 어떻게 찾아야 할까? 그러나 종이 한쪽 귀퉁이에서 덧셈이나 뺄셈하는 것은 허용된다.

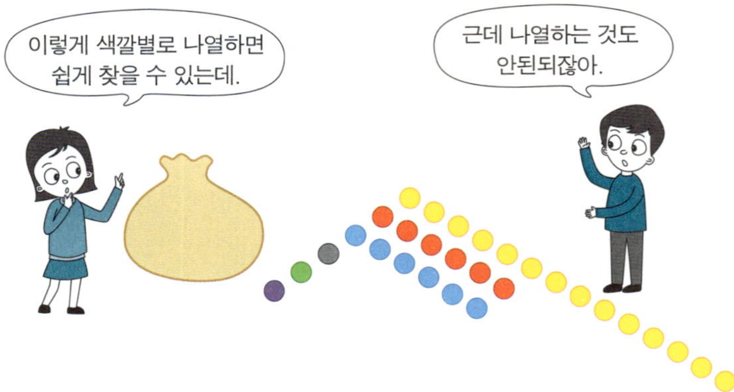

그러나 덧셈이나 뺄셈 계산이 가능하다는 것은 이 문제를 해결하는데 직접적인 도움이 못 된다.

문제의 해법을 찾기 위해 일단 구슬 색이 두 종류만 있는 경우를 살펴보자. 문제에서 주어진 조건으로는 구슬을 나열할 수 없다고 했지만, 일단 문제를 쉽게 이해하기 위해 모든 구슬을 아래의 그림처럼 나열해보자.

우리의 목표는 과반수가 넘는 구슬의 색을 찾는 것이지 구슬 수를 구태여 알 필요는 없다. 따라서 나열해 놓은 구슬들을 좌에서 우로 색이 다른 구슬 쌍을 짝지으면, 짝짓지 못한 구슬이 남을 것이다.

색이 다른 두 개의 구슬을 짝을 짓고 버리기를 계속하다가, 짝짓지 못한 구슬이 남으면 바로 남은 구슬이 과반수를 넘는 것이다.

그럼 모든 구슬을 나열하지 않고, 서로 다른 색의 구슬 짝짓기를 어떻게 할 수 있을까? 만일 주머니에서 구슬을 꺼낼 때마다 운 좋게 연속해서 색이 다른 구슬을 주머니에서 꺼낸다면 2개의 구슬을 짝지어 버릴 수 있어서 어떤 계산도 필요없다. 그러나 같은 색의 구슬을 연속해서 꺼내는 일도 드물지 않게 일어날 수 있으므로 색이 다른 2개의 구슬을 그때그때 짝지을 수 없다.

그런데 덧셈이나 뺄셈 계산이 다행히도 짝짓기를 도와준다. 연속해서 같은 색의 구슬이 나오는 경우에 그 구슬 수를 세어놓자. 즉, 같은 색의 구슬이 나오면 구슬 수를 1 증가시킨다. 만일 다른 색의 구슬이 나오면 구슬 수에서 1을 뺀다. 여기서 1을 빼는 것이 바로 색이 다른 구슬 쌍을 짝짓는 것과 같다.

다음은 앞의 힌트를 이용한 과반수 넘는 구슬을 찾는 짝짓기 알고리즘이다.

먼저 첫 구슬을 꺼내어 한 손에 쥐고 종이에 1이라고 쓴다. 그 의미는 아직 짝짓지 못한 구슬이 1개가 있다는 뜻이다.

주머니에서 구슬 하나를 꺼내어 다른 손에 있는 구슬의 색과 비교한다.

- 색이 같으면 종이에 적힌 숫자를 1 증가시킨 후, 방금 꺼낸 구슬을 버린다.
- 색이 다르면 종이에 적힌 숫자에서 1을 뺀다.
  - 뺄셈 결과가 0이면, 양쪽 손의 구슬을 모두 버린다.[1)]
  - 뺄셈 결과가 0보다 크면, 방금 꺼낸 구슬만 버린다.

다음 그림을 보면 주머니에서 꺼낸 2개의 구슬이 노란색이고 한 손에 쥐고 있는 구슬의 색도 노란색이므로 1 + 1 + 1 = 3을 종이에 쓴 것이다. 이때 2개의 노란색 구슬은 버린다. 또한 '3'은 노란 구슬 3개를 아직 짝짓지 못했다는 것을 나타낸다.

1) 이때는 주머니에서 첫 구슬을 꺼내기 직전 상황과 동일하다.

이번에는 파란 구슬을 주머니에서 꺼냈고 다른 손에는 노란 구슬을 가지고 있으므로 3 - 1 = 2를 종이에 쓴다. 이때 파란색 구슬은 버린다. 즉, 노란 구슬과 파란 구슬을 짝지은 셈이다.

이런 방식으로 마지막 구슬을 꺼내서 그 구슬 색에 따라 덧셈 또는 뺄셈을 한 후에 구슬을 버렸을 때, 만일 양손에 구슬이 없으면 두 색의 구슬 수가 같은 것이고, 그렇지 않으면 과반수가 넘는 색의 구슬을 한 손에 들고 있는 것이다.

그러나 원래의 문제에서는 여러 색의 구슬들이 주머니 속에 있다. 이러한 경우에도 앞서 설명한 짝짓기 알고리즘을 사용하면 과반수 넘는 색의 구슬을 찾을 수 있다.

과반수를 넘는 색의 구슬은 어떤 다른 색의 구슬과 짝을 짓고도 반드시 남기 때문에 두 가지 색의 경우와 같은 셈이다. 즉, 동일한 알고리즘을 적용하면 과반수를 넘는 색의 구슬은 어떤 다른 색의 구슬과도 짝짓고도 남기 때문에 반드시 마지막엔 과반수가 넘는 색의 구슬이 손에 남는다.

2-4

사이클

알콩이와 달콩이가 끝이 없어 보이는 징검다리를 건너려고 한다. 호기심이 많은 알콩이가 성급히 징검다리를 건너려는데, 달콩이가 말하길 "잠깐. 징검다리를 건너다보면 끝없이 반복하여 돌고 또 돌면 어떡하지."

알콩이는 "그럼, 우리가 지나간 돌마다 'X' 표시를 하자"고 했다. 새로 밟으려는 돌에 'X' 표시가 있으면 사이클이 있는 것을 알 수 있으니까 달콩이는 아주 좋은 아이디어라고 매우 기뻐했다.

알콩이와 달콩이가 함께 징검다리를 건너고 있는데, 강한 모래 바람이 불어서 'X' 표시들이 다 지워졌다. 그래서 알콩이와 달콩이는 다리 건너기를 멈추었다. 과연 돌에 어떠한 표시도 하지 않고 어떻게 사이클이 있는지 알 수 있을까?

둘이 똑같이 가면 사이클을 찾을 수 없다. 그러나 두 사람이 동시에 출발하되 알콩이가 빨리 가고 달콩이가 느리게 가면 사이클에 도달하는 경우에 둘이 만날 수 있지 않을까?

그러나 알콩이가 너무 빨리 가면 사이클에서 달콩이를 건너뛰어 서로 못 만날 수도 있다.

달콩이는 징검다리의 돌을 1개씩 건너뛰고, 알콩이는 한번에 2개씩 건너뛴다.[2)]

두 사람이 위와 같이 징검다리를 건너면 사이클이 있는 경우 반드시 서로 만나는 이유는 다음과 같다.

- 알콩이가 빠르므로 사이클 상에서 알콩이는 반드시 달콩이를 따라잡는다.
- 알콩이가 달콩이 위로 점프하여 지나치는 일은 발생하지 않는다.

사이클이 있는 경우에 알콩이가 몇 번째 뒤처진 돌에 있더라도, 반드시 알콩이는 달콩이의 직전 돌에 도달한다. 그리고 바로 다음 점프에서 둘이 만난다. 그리고 알콩이가 달콩이를 만나지 않고 점프하여 지나치려면 알콩이는 적어도 한번에 3개 이상의 돌을 점프해야 한다.

2) 단, 알콩이와 달콩이가 각각 한 번씩 움직이는 시간, 즉 달콩이가 돌을 1개를 건너는 시간과 알콩이가 돌 2개를 한번에 건너는 시간은 같다. 또한 사이클이 없으면, 징검다리 중간에서 둘이 만나는 일은 없다.

다음 그림은 사이클이 있는 경우에 알콩이와 달콩이가 만나는 것을 단계적으로 보여준다.

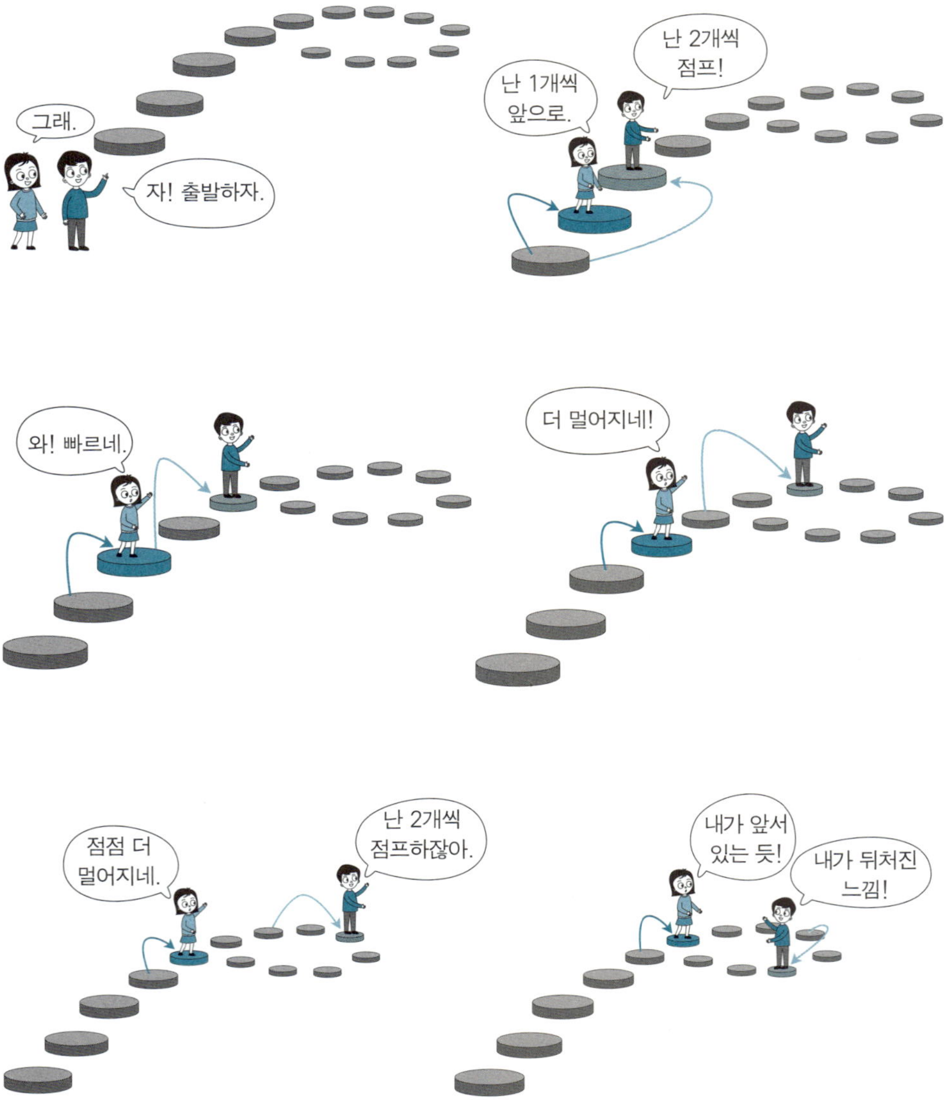

따라
잡히겠다!
다음 번에
만나겠네.
와! 반갑다.
결국
만났구나!

2-5

한붓그리기

한붓그리기[3]는 그래프의 어느 한 점에서 출발하여 모든 간선을 오직 한 번만 지나서 출발점으로 돌아오되, 궤적을 그리는 동안 연필이 종이에서 떨어져서는 안 된다.[4]

어떻게 한붓그리기의 해결 방법을 찾아야 할까? 그래프가 작으면 연필로 시행착오를 통해서 해결해볼 수도 있으나, 그래프가 크면 이러한 방법은 통하지 않는다.

한붓그리기가 가능한 그래프에 대해 그래프의 어느 한 점에 인접한 간선을 살펴보자.

3) 한붓그리기로 만들어진 경로를 오일러 서킷(Euler Circuit)이라 부른다.
4) 단, 연필이 지나는 동안에 한 점을 여러 차례 방문하여도 된다.

어느 점이든지 인접한 간선 수가 짝수 개여야만 사용된 간선을 다시 사용하지 않고 그 점에서 벗어날 수 있다. 그러면 그래프의 한 점에 도착했을 때, 다음에 어느 점으로 이동해야 할까? 그 답을 예제를 통해 알아보자.

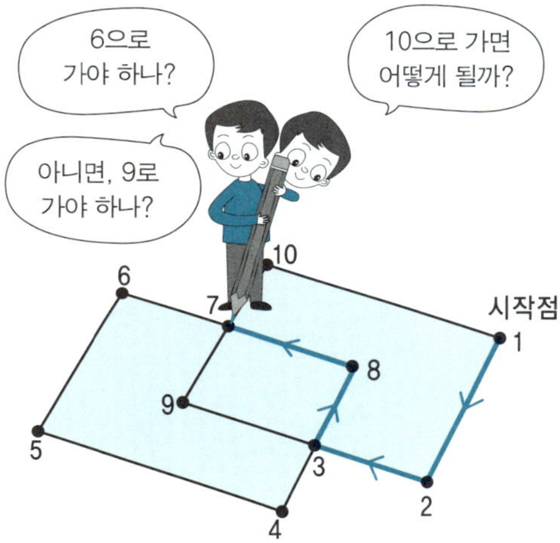

위의 그림은 1에서 출발하여 2를 지나고, 3과 8을 거쳐서 7에 도착한 상태이며, 지나온 궤적을 파란 선으로 보여준다. 여기서 7을 현재 점이라 하자. 현재 점으로부터 과연 6, 9, 10 중에서 어느 점으로 진행해야 하는지 하나씩 알아보자.

- 6으로 가면, 5, 4, 3, 9를 거쳐서 7로 돌아올 수 있다.
- 9로 가면, 3, 4, 5, 6을 거쳐서 7로 역시 돌아올 수 있다.
- 그러나 10으로 가면, 1로 갈 수밖에 없고, 7로 되돌아올 수 없으므로 3, 4, 5, 6, 7, 9 사이의 간선을 지나가려면 연필을 뗄 수밖에 없다.

위의 세 가지 경우를 살펴보면, 6 또는 9로 진행할 수 있지만, 10으로 진행하면 안 되는 이유는 현재 점인 7로 돌아오는 사이클이 없기 때문이다.

현재 점에 인접한 여러 점 중에서 진행할 수 있는 점을 선택하려면 현재 점으로 돌아올 수 있는지를 확인하여야 한다.[5]

다음은 예제에 있는 그래프에서 한붓그리기를 완성한 것이다. 1 − 2 − 3 − 8 − 7 − 9 − 3 − 4 − 5 − 6 − 7 − 10 − 1의 경로가 한붓그리기의 해이다.

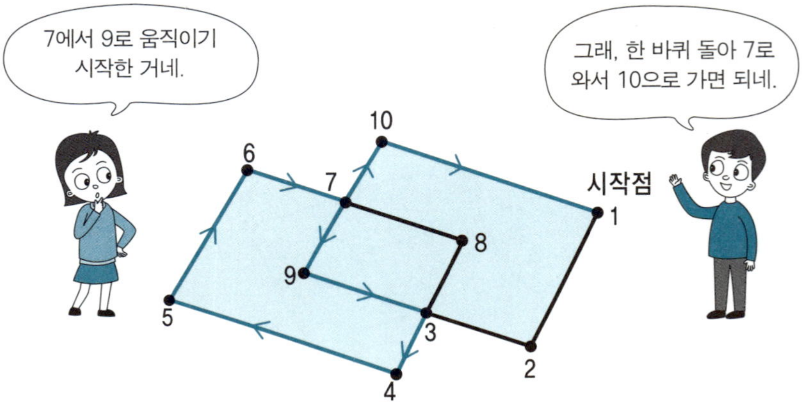

이 Part에서는 약병, 빠진 숫자, 과반수 넘는 구슬, 사이클[6], 한붓그리기와 같은 간단한 문제들을 살펴보았다. 이 문제들은 문제의 간단함과 신입사원 면접 때 등장하는 문제라는 것을 제외하고는 어떤 공통점도 없다. 특히 문제 해결 방법, 즉 알고리즘도 제각각이다. 그러나 Part 3에서부터 Part 6까지의 문제들은 각 Part별로 공통된 특성을 가진 알고리즘으로 해결된다.

5) 단, 현재 점에서 진행해야 할 인접한 점이 1개만 있으면 사이클을 체크할 필요 없이 인접한 점으로 진행한다.
6) 컴퓨터 자료구조의 하나인 단순 연결 리스트에서 노드(징검다리의 돌)를 다른 노드에 연결하고, 노드를 제거하는 과정에서 노드를 잘못 연결하면 사이클이 만들어질 수 있다. 만일 연결 리스트에 사이클이 있으면 무한 루프를 돌게 되어 프로그램이 끝나지 않는 치명적인 에러가 발생하는데, 이 문제의 해결 방법으로 이러한 사이클을 찾을 수 있다.

연습문제

문제1〉 잘못 만들어진 알약 병을 찾을 때 10개의 병을 좌에서 우로 나열하여 첫 번째 병에서 알약 1개, 두 번째 병에서 2개, …, 10번째 병에서 알약 10개를 꺼내어 모두 합쳐 저울에 달았다. 그런데 9개의 병에서만 알약을 꺼내고 남은 1병에서는 알약을 꺼내지 않은 채, 잘못 만들어진 알약 병을 찾을 수 있는지 알아보자.

〔답〕 좌에서 우로 첫 번째 병에서 알약 1개, 두 번째 병에서 2개, …, 9번째 병에서 알약 9개를 꺼내어 모두 합쳐 저울에 달아본다. 만일 알약을 꺼내지 않은 병에 무거운 알약들이 들어있다면, 저울 눈금은 45.0g을 가리킬 것이다. 그러나 앞의 9개 병들 중 하나의 병에 무거운 알약이 들어있다면 저울이 45.Xg을 가리킬 것이므로 무거운 알약이 들어있는 병은 바로 왼쪽에서 X번째 병이다.

문제2〉 1에서 N까지의 숫자 중에 빠진 숫자가 2개라면 빠진 숫자 문제와 동일한 조건하에 이 두 숫자를 찾는 방법에 대해 알아보자.

〔답〕 다음과 같이 S, S′, T, T′을 각각 계산한다.

S = 주어진 숫자들의 합

S′ = N(N+1)/2 ← 1부터 N까지의 합

T = 주어진 각 숫자의 제곱의 합

T′ = N(N+1)(2N+1)/6 ← 1^2부터 N^2까지의 합

찾고자 하는 숫자를 각각 x와 y라고하면, $x+y = S'-S$이고 $x^2+y^2 = T'-T$이다. 그런데 $x^2+y^2 = (x+y)^2-2xy$이므로 $xy = [(x+y)^2-(x^2+y^2)]/2 = [(S'-S)^2-(T'-T)]/2$이다. 이제 (x+y)와 xy의 값을 알았으므로 $z^2-(x+y)z+xy = 0$이 $(z-x)(z-y) = 0$이므로, 이차방정식의 z의 해가 바로 x와 y이다.

*이 문제는 미국 골드만 삭스(Goldman Sachs)의 입사 면접시험에 출제된 문제이다.

문제3〉 주머니 속에 있는 모든 색의 구슬이 과반수를 넘지 못한 경우 짝짓기 알고리즘을 수행한다면, 알고리즘이 종료한 후 손에 들고 있는 구슬의 색이 가장 많은 색깔인지 아닌지 알아보자.

(답) 만일 빨강 구슬 3개, 초록 구슬 3개, 파랑 구슬 1개가 주머니에 들어있다고 가정해 보자. 어느 색의 구슬도 과반수를 넘지 못한다. 이때 파랑 구슬을 맨 마지막에 주머니에서 꺼냈다면 앞선 3개의 빨강 구슬과 3개의 초록 구슬은 짝짓기한 후 모두 버린 상태에서 파랑 구슬을 손에 쥐고 있는 채 알고리즘이 종료된다. 그런데 파랑 구슬은 가장 많은 수의 구슬이 아니다. 그러나 짝짓기 알고리즘은 반드시 과반수가 넘는 색의 구슬이 주머니 속에 있는 경우에 그 구슬의 색깔을 찾아준다.

문제4〉 사이클 문제에서 달콩이가 징검다리의 돌을 1개씩 건너뛰고, 만일 알콩이가 한번에 3개씩 건너뛴다면, 다음과 같이 8개의 돌이 있는 사이클 상에서 알콩이와 달콩이가 동일한 돌에서 만날 수 있는지 없는지 알아보자.
(단, 알콩이의 초기 위치는 0이고, 달콩이의 초기 위치는 1이다.)

(답) 다음과 같이 8번 각각 점프하고 나면 그 동안 서로 만나지 못한 채 처음 시작했던 돌로 각각 되돌아오므로 둘은 영원히 만나지 못한다.

	알콩이	달콩이
k	3k+0	1k+1
0	0	1
1	3	2
2	6	3
3	1	4
4	4	5
5	7	6
6	2	7
7	5	0
8	0	1

문제5〉 사이클 문제에서 달콩이가 징검다리의 돌을 1개씩 건너뛰고, 만일 알콩이가 한번에 3개씩 건너뛴다면, 다음과 같이 7개의 돌이 있는 사이클 상에서 알콩이와 달콩이가 동일한 돌에서 만날 수 있는지 없는지 알아보자.
(단, 알콩이의 초기 위치는 0이고, 달콩이의 초기 위치는 1이다.)

〔답〕 다음과 같이 4번 각각 점프하고 나면 5번 돌에서 둘이 만난다.

	알콩이	달콩이
k	3k+0	1k+1
0	0	1
1	3	2
2	6	3
3	2	4
4	5	5

문제6〉 다음의 그래프에서 궤적을 그리는 동안 연필이 종이에서 떨어지지 않으면서 모든 간선을 오직 한 번만 지나려면 어느 점에서 시작해야 하는지 알아보자.
(단, 출발점으로 다시 돌아올 필요는 없다.)

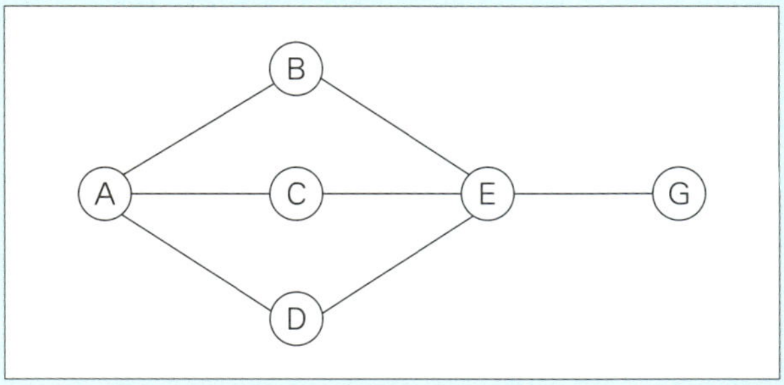

〔답〕 A 또는 G이다. 왜냐하면 A와 G에 연결된 간선 수가 홀수 개이기 때문이다.

A

오일러

LEONHARD EULER

오일러

오일러(Leonhard Euler, 1707~1783)는 스위스의 수학자, 물리학자, 천문학자, 논리학자, 공학자로서 그래프의 아버지로도 불린다.

오일러의 다면체 정리 V - E + F = 2에서부터
오일러의 상수인 자연 로그의 e = 2.71828⋯,
오일러의 공식 $e^{ix} = \cos x + i \sin x$
오일러 등식 $e^{i\pi} + 1 = 0$
등은 우리에게 친숙한 오일러의 공적이다.

특히 오일러의 등식은 수학의 아름다움을 표현하는 식으로 유명한데, 이 식을 잘 살펴보면 영역이 다른 다섯 가지 수인 0, 1(상수), 자연 상수 e(해석학), 원주율 π(기하학), 그리고 허수 i(대수학)가 모두 하나의 식에 포함되어 있으며, 수학에서 가장 기초가 되는 네 가지 연산인 덧셈, 곱셈, 지수 그리고 등호가 모두 쓰인 식이기 때문이다. 아인슈타인과 함께 20세기의 최고의 물리학자로 불리는 리처드 파인만(Richard Feynman)은 이 식을 “수학에서 가장 비범한 식(the most remarkable formula in mathematics)”이라며 극찬하였다.

한편 1735년에는 프러시아의 쾨니히스베르크(Königsberg, 현재는 러시아의 칼리닌그라드)에 위치한 프레겔 강 한가운데의 섬 2개에 놓인 7개의 다리가 있는데 주민들이 오일러에게 이 다리들을 빠짐없이 1번씩만 지나서 출발점으로 돌아올 수 있는지 물어보았다. 오일러는 그렇게 할 수 없다고 답해주었는데, 이 문제가 최초의 그래프 문제로 전해지고 있다.

A

이 문제는 한붓그리기와 같은 문제이고, 오일러는 다리(그래프의 간선)를 한 번씩만 지나서 출발점으로 되돌아오려면 각 정점의 차수가 짝수여야 한다는 것을 증명하였다. 주어진 그래프에서 임의의 정점에서 출발하여 모든 간선을 빠짐없이 한 번씩만 지나면서 출발점으로 돌아오는 경로를 오일러 서킷(Euler Circuit) 또는 오일러 사이클이라고 한다.

오일러는 1783년 9월 18일에 당시 최근에 발견된 행성인 천왕성과 그 궤적에 대해 동료와 논의하던 중, "난 죽는다"라고 종이에 쓴 뒤에 사망했다고 전해진다.

(출처:https://en.wikipedia.org/wiki/Leonhard_Euler)

3 STEP
2 STEP
1 STEP

Divide-and-Conquer

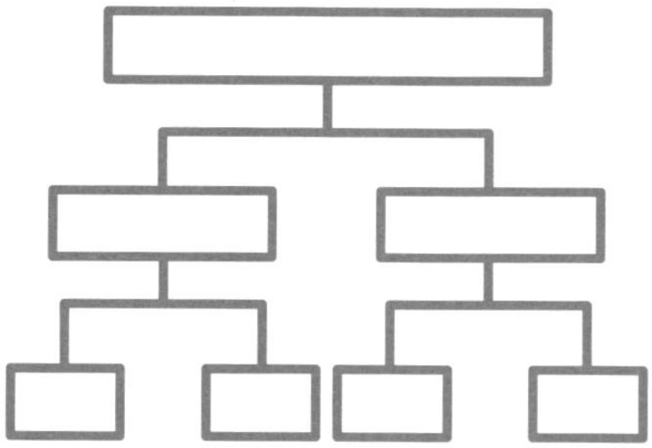

Part 3
나누어 풀어보자

문제를 나누어 푼다는 것은 주어진 문제의 입력을 분할하여 문제를 해결하는 것을 말한다. 이러한 방식의 알고리즘을 분할 정복(Divide-and-Conquer) 알고리즘이라 일컫는다. 분할 정복 알고리즘은 분할된 입력에 대하여 동일한 알고리즘을 적용하여 해를 계산하며, 이들의 해를 취합하여 문제의 해를 얻는다.

위의 그림에서는 문제를 4개의 작은 문제로 나누고, 각각 해결한 결과(해)를 취합하여 해를 얻는 과정을 보여준다. 그러나 사실은 네 조각이 된 작은 문제들도 각각을 더 이상 나눌 수 없을 때까지 분할하여 해결하고, 이를 취합하는 과정을 통해 문제의 해를 얻는다.

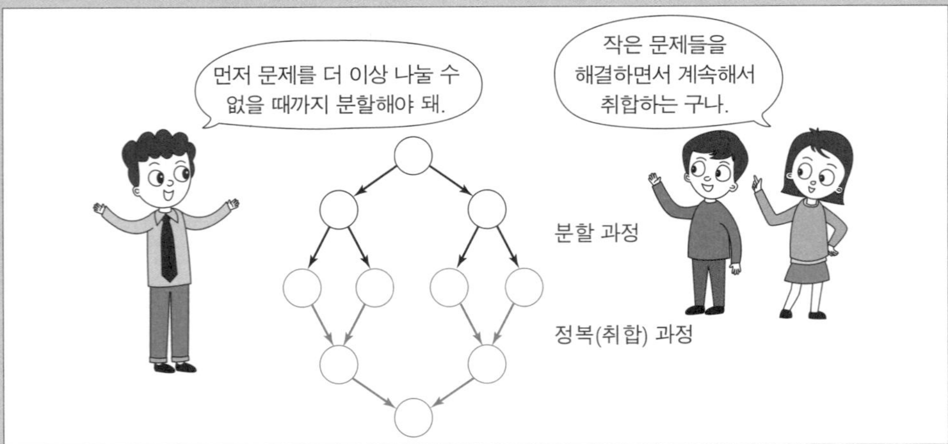

이 Part에서는 분할 정복 알고리즘으로 해결되는 대표적인 문제인 가짜 동전, 반으로 나누어 찾기, 퀵 정렬, k번째 작은 수, 가장 가까운 두 점 문제를 차례대로 살펴본다. 그중에 가짜 동전, 이진 탐색, k번째 작은 수 문제는 특성상 취합 과정이 필요 없다.

3-1

가짜 동전

같은 무게의 동전이 항아리에 가득 담겨있는데 그중에 약간 가벼운(가짜) 동전 한 개가 섞여 있다. 물론 맨눈으로는 가짜 동전을 구별할 수 없으며, 이 가짜 동전을 찾기 위해 양팔 저울만을 사용해야 한다.

간단한 방법은 항아리에서 동전을 2개씩 꺼내어 저울에 달아보는 것이다. 계속 2개를 꺼내어 양쪽 저울에 1개씩 놓으면 언젠가는 저울 한쪽이 올라갈 것이고, 이때 올라간 쪽 접시의 동전이 바로 가짜 동전이다.

2개씩 저울에 달아보는 방법은 매우 운이 좋으면 단 한 번에 가짜 동전을 찾을 수 있지만, 가장 마지막에 남은 2개의 동전을 저울에 달고 나서야 가짜 동전을 발견할 수도 있다.

운에 의존하지 말고 보다 빨리 가짜 동전을 찾으려면, 문제를 반으로 분할해보자. 즉, 항아리의 동전들을 반으로 나누어 양쪽 접시에 올려놓자.[1)]

가짜 동전이 가벼우므로, 올라간 쪽의 접시 위에 가짜 동전이 있다. 그 다음엔 가짜 동전이 있는 접시 위의 동전들을 반으로 나누어 다시 양팔 저울로 잰다.

이를 반복하면 올라간 쪽 접시의 동전 수가 계속해서 반씩 줄어들고, 마지막엔 각 접시에 동전이 1개씩만 남는다. 이때 올라간 쪽에 있는 동전이 우리가 찾는 가짜 동전이다.

그런데 이보다 더 빠른 방법은 없을까?

동전들을 왜 반씩만 나누지? 3등분, 즉 1/3씩 나누면 어떨까? 양팔 저울엔 접시가 2개뿐인데. 여기서 힌트는 모든 동전을 저울에 올릴 필요가 없다는 것이다.

1) 양쪽 접시 위의 동전 수가 같다고 생각하자. 동전 수가 같지 않을 때 대처하는 방법은 연습문제에서 알아보자.

만약에 동전이 3개밖에 없는데, 그중에 1개가 가짜라면, 1개는 저울에 올리지 않고 바닥에 둔 채, 2개의 동전을 각 접시에 1개씩 올린다. 이때 저울이 평형을 이루면, 바닥에 있는 동전이 가짜이다.

그런데 저울이 평형을 이루지 않는다면 올라간 쪽의 동전이 가짜라는 것을 알 수 있다.

따라서 항아리의 동전을 3등분하여 1/3은 바닥에 놓고, 1/3은 한쪽 접시에, 나머지 1/3은 다른 쪽 접시에 올려놓고 저울을 재면, 3개의 동전을 가지고 생각해보았던 것과 같이 두 가지 경우가 발생하고, 그에 따라 가짜가 있는 쪽을 3등분하여 반복하면 앞서 설명한 반씩 나누어 가며 찾는 방법보다 빠르게 가짜 동전을 찾을 수 있다.[2)]

2) 항아리에 N개의 동전이 있을 때 2등분으로 나누는 경우는 $\log_2 N$번 저울에 달아야 하고, 3등분으로 나누는 방법은 $\log_3 N$번 저울에 달으면 가짜 동전을 찾는다. 이때 $\log_3 N < \log_2 N$이므로 3등분하여 가짜 동전을 찾는 것이 더 빠르다.

3-2

반으로 나누어 찾기

숫자 놀이로서 특정 숫자가 적힌 카드를 찾는 것을 한번 생각해보자. 45, 20, 60, 35, 10, 55, 90, 85, 75, 25가 각각 적힌 카드가 바닥에 펼쳐있다. 그중에서 85가 적힌 카드를 찾아보자.

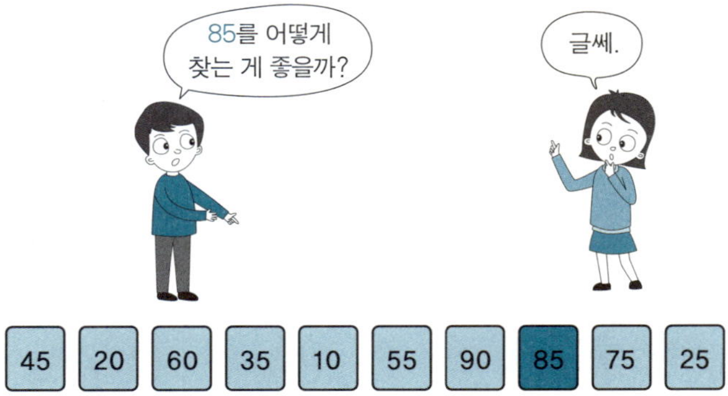

간단한 방법은 바닥에 펼쳐진 카드를 45부터 좌에서 우로 차례대로 한 장씩 읽으며 85가 적힌 카드를 찾는 것이다. 이러한 방법을 순차 탐색이라 한다.

이번에는 같은 10장의 카드가 오름차순으로 이미 정렬되어 있을 때를 생각해보자. 우리는 이러한 경우를 실생활에서 흔히 접할 수 있는데, 사전, 휴대폰의 전화번호 리스트, 책 뒷부분의 인덱스 등을 예로 들 수 있다.

만일 10장의 카드가 그림처럼 쌓여있는 경우, 그중에서 85를 찾으려 할 때, 순차 탐색보다 더 효율적인 방법은 없을까? 즉, 카드가 정렬된 것을 어떻게 활용할 수 없을까?

만일 85가 뒷부분에 있는 것이 확실하면, 카드가 정렬되어 있으므로 앞부분은 탐색할 필요가 없다. 그러면 85가 뒷부분에 있다는 것을 어떻게 알 수 있을까? 그 답은 중간에 있는 카드인 45[3]와 85를 비교하면 알 수 있다.

첫 카드부터 차례로 읽어가는 순차 탐색보다 중간 카드의 숫자 45와 비교하는 것이 훨씬 빠르게 목표(85가 적힌 카드)에 다가갈 수 있다. 처음에는 85를 중간에 있는 45와 비교한다.

45가 85보다 작고 카드가 정렬되어 있으므로 85는 45 이후의 뒷부분에 있을 것이다.

3) 혹은 55와 비교해도 무방하다. 왜냐하면 홀수 개의 숫자 중에서 중간에 있는 숫자는 1개이지만, 짝수 개의 숫자 중에서 중간에 있는 숫자는 2개이기 때문이다.

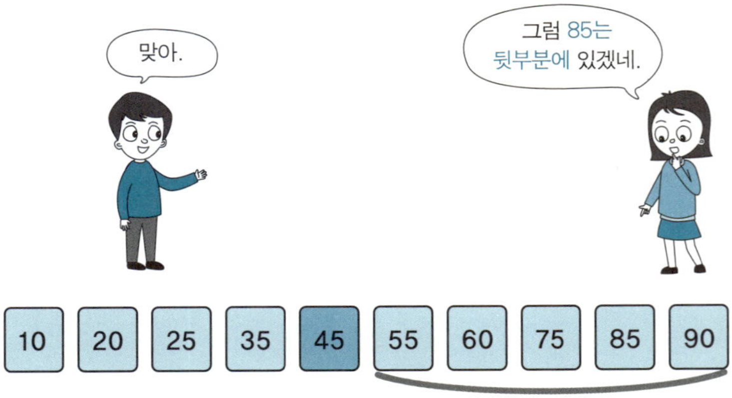

뒷부분에서 85를 찾는 것은 처음에 카드 10장 있을 때와 마찬가지이다. 즉, 5장 중에서 중간에 있는 카드인 75와 85를 비교한다.

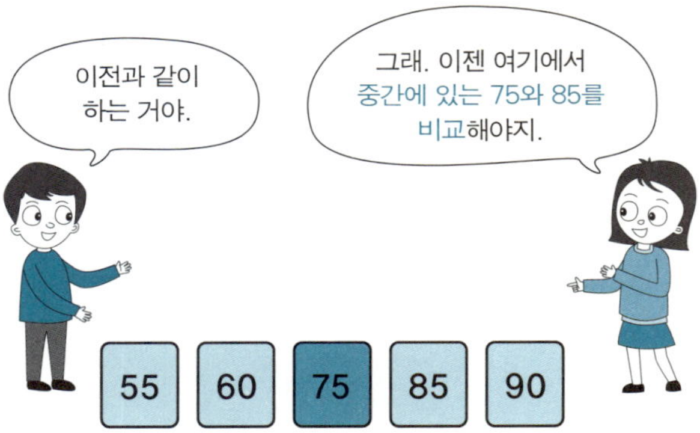

이처럼 오름차순으로 정렬된 데이터를 반으로 나누고, 나누어진 반을 다시 반으로 나누고, 이 과정을 반복하여 원하는 숫자를 찾는 탐색 알고리즘을 이진 탐색(Binary Search)이라고 한다.[4)]

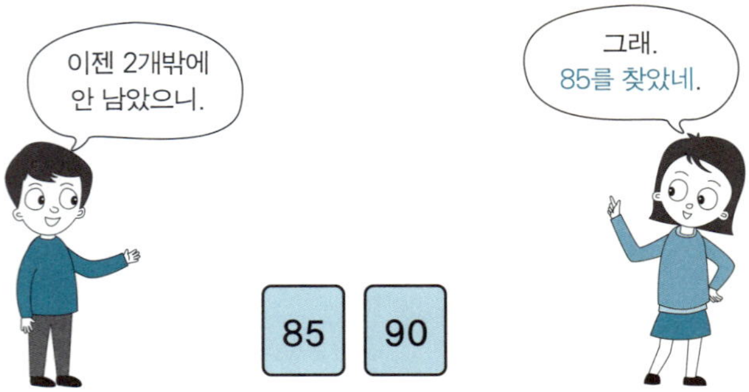

4) N개 입력에 대해 반으로 나누어 찾기는 최대 $\log_2 N$ 비교 후에 탐색을 마친다.

3-3

퀵 정렬

정렬은 오름차순[5])으로 나열하는 것을 말한다. Part 7에서는 프로그래밍을 처음 배울 때 단골 예제로 사용되는 버블 정렬과 기타 재미있는 정렬 알고리즘을 소개한다. 그 외에도 수많은 정렬 알고리즘들이 위키피디아[6])에 소개되어 있다. 그러나 이러한 정렬 알고리즘 중에서 널리 사용되는 정렬 알고리즘은 서너 개 정도밖에 안 된다. 그중에 20세기의 Top 10 알고리즘의 하나인 퀵 정렬은 복잡하지 않고 수행 속도도 우월하여 실제로 많이 사용되고 있다.

그러면 퀵 정렬은 어떻게 다른 정렬 알고리즘들보다 우수한 성능을 가질 수 있을까?

Hint

숫자들을 두 부분으로 나누어 각각 정렬하자. 그리고 각 부분은 같은 방식으로 두 부분으로 나누어 정렬한다.

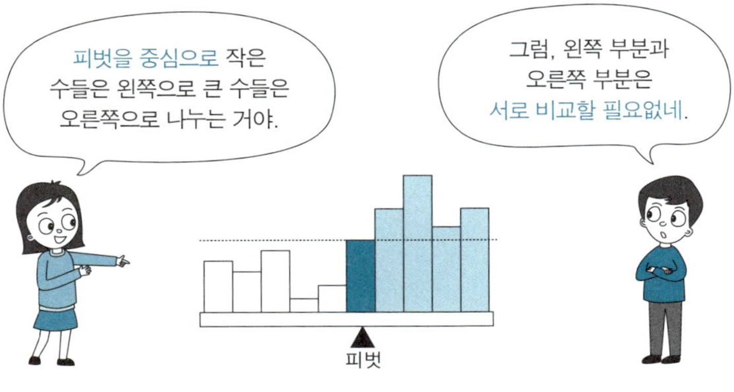

5) 내림차순으로도 정렬할 수도 있다.
6) 모두가 함께 만들어 가며 누구나 자유롭게 쓸 수 있는, 다중 언어판 인터넷 백과사전이다.

퀵 정렬은 두 부분으로 나누기 위해 숫자 하나를 선택하는데, 이 숫자를 피벗(Pivot)이라 일컫는다. 그리고 피벗을 기준으로 피벗보다 작은 숫자들은 왼편으로, 피벗보다 큰 숫자들은 오른편에 위치하도록 분할하고, 피벗을 그 사이에 놓는다. 이렇게 피벗을 기준으로 숫자들을 좌우로 옮겨놓으면 왼편에 있는 숫자들과 오른편에 있는 숫자들은 더 이상 서로 비교할 필요가 없다.

그리고 분할된 각각의 부분에서는 새롭게 피벗을 선택하고 동일한 방식으로 분할한다. 퀵 정렬은 이러한 과정을 반복하여 정렬을 완성한다.

다음은 피벗인 8을 기준으로 작은 숫자들을 왼편으로, 큰 숫자들을 오른편으로 이동하여 피벗 좌우로 분할한 것을 보여준다.[7)]

피벗

8	3	11	9	12	2	6	15	18	10	7	14

분할 전

피벗

6	3	7	2	8	12	9	15	18	10	11	14

분할 후

퀵 정렬이 수행되는 과정을 예제를 통해 차근차근 알아보자.

7) 피벗으로 숫자들을 분할하는 방법은 연습문제에서 다룬다.

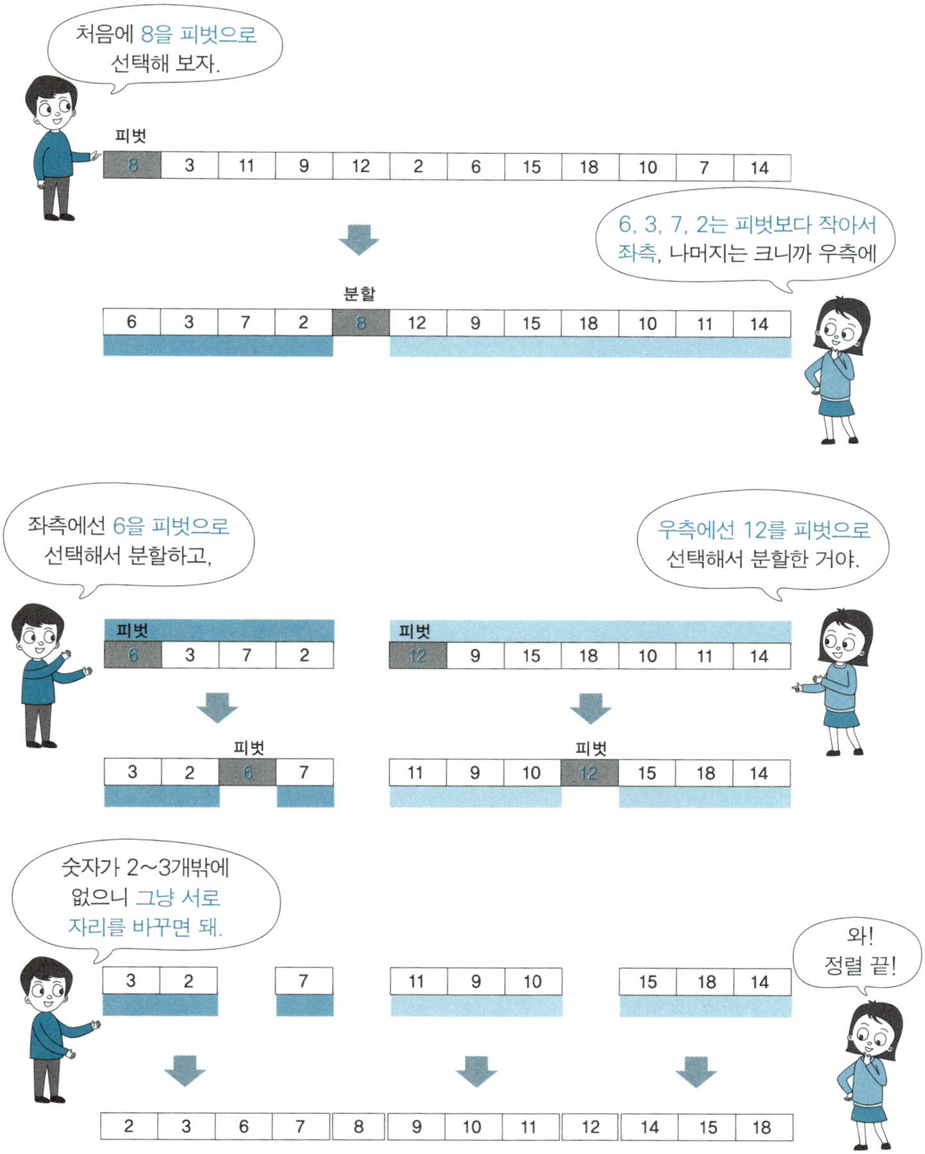

피벗이 가장 작거나 가장 큰 숫자라면 어떤 일이 벌어지는지 살펴보자. 예를 들어 아래의 숫자들에 대해

50	60	40	10	20	70	30

만일 피벗이 10이라면 10보다 작은 부분이 없고,

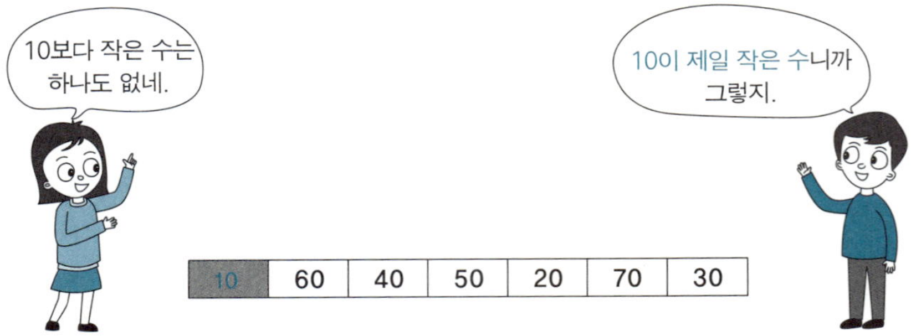

반면에 피벗이 70이라면 아래와 같이 70보다 큰 부분이 없다.

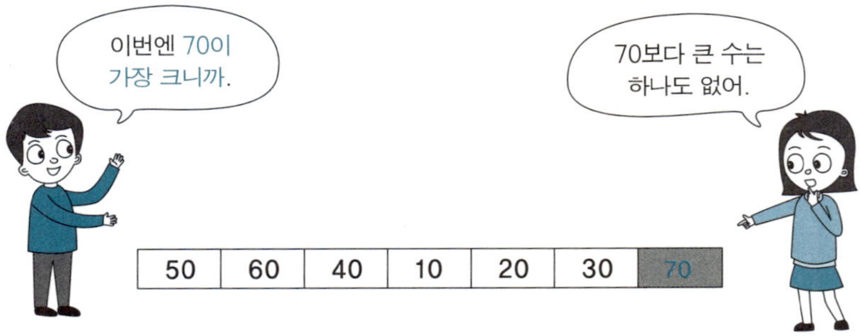

이렇게 한쪽으로 치우치게 분할하는 피벗을 선택하면, 분할하여 얻는 이득이 전혀 없다. 즉, 계속해서 치우치게 분할되면 퀵 정렬은 '슬로우' 정렬이 되고 만다. 따라서 퀵 정렬에서는 치우친 분할을 피할 수 있는 피벗의 선택이 매우 중요하다.

숫자 중에서 중간값을 찾아 피벗으로 삼으면 정확히 반씩 두 부분으로 분할할 수 있다. 그러나 중간값을 쉽게 찾으려면 숫자들을 정렬하면 되지만, 지금 우리의 목표가 정렬 아닌가? 또한 정렬하지 않고 중간값을 찾는 방법이 있기는 하지만 복잡해 시간이 너무 많이 걸린다.

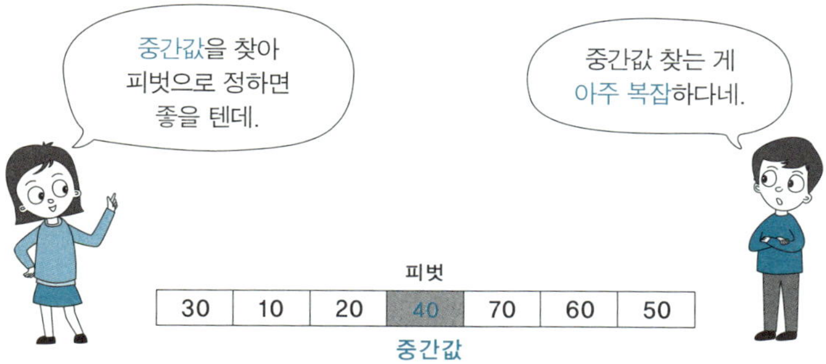

간단한 방법은 랜덤하게 하나를 뽑거나, 첫 숫자, 중간 숫자, 마지막 숫자 중에서 중간값을 피벗으로 삼으면 간혹 치우치게 분할되는 경우도 있으나 대체로 균등하게 분할되어 빠르게 정렬된다.[8)]

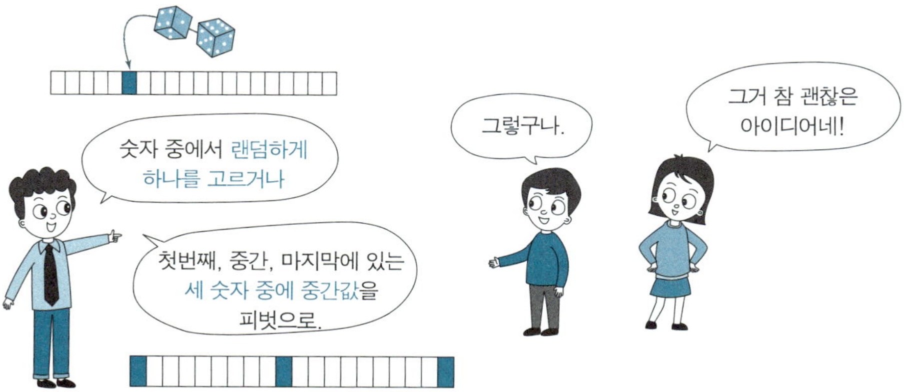

8) N개의 입력에 대해 퀵 정렬은 평균 NlogN 시간(비교 횟수)이 걸린다.

3-4

k번째 작은 수

나열된 숫자들 중에서 k번째로 작은 숫자를 찾는 문제를 선택(Selection) 문제라고 한다. k번째로 작은 숫자를 찾는 간단한 방법을 살펴보면,

- 가장 작은 숫자를 k번 찾는다. 단, 찾은 숫자는 제외하고 나머지 숫자 중에서만 가장 작은 숫자를 찾는다.

- 다음 방법은 숫자들을 정렬하는 것이다. 그러면 k번째에 있는 숫자가 k번째로 작은 숫자이다.

위 방법들보다 빠르게 k번째 작은 숫자를 찾는 방법은 없을까?

주어진 숫자들을 분할하여 k번째 작은 숫자를 찾아보자. k번째로 작은 숫자를 찾기 위해 어떻게 숫자들을 나누어야 할까? 그 답은 앞서 살펴본 퀵 정렬에 있다. 퀵 정렬에서처럼 피벗(숫자 중에서 랜덤하게 선택한 숫자)을 가지고 숫자들을 피벗보다 작은 수들과 큰 수들로 분할한다.[9)]

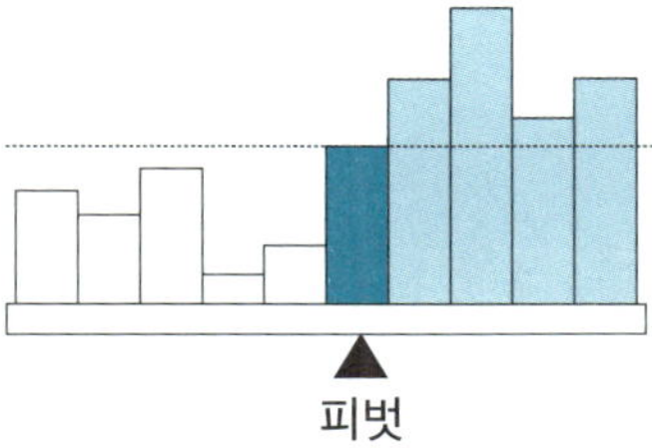

예를 들어 다음과 같이 12개의 숫자가 주어지고 8이 피벗으로 선택되었다면,

1	2	3	4	5	6	7	8	9	10	11	12
8	3	11	9	12	2	6	15	18	10	7	14

피벗인 8과 나머지 숫자들을 각각 비교하여 8보다 작은 숫자들은 왼쪽으로 8보다 큰 숫자들은 오른쪽으로 옮기고 피벗은 그 사이로 옮긴다.

1	2	3	4	5	6	7	8	9	10	11	12
2	3	7	6	8	12	9	15	18	10	11	14

자, 이제는 'k번째'에서 k가 얼마인지(즉, k 값)에 따라서 3가지 경우가 생긴다.

- k가 5라면, 위의 그림에서 8이 5번째 작은 숫자이다.

9) 숫자들이 서로 다 다르다고 생각하자. 만일 같은 숫자가 있으면, 피벗과 같은 숫자들을 피벗보다 작은 수 쪽에 포함시키면 된다.

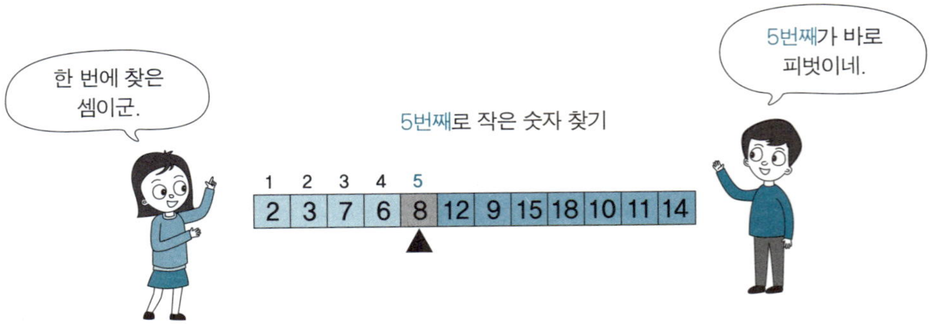

- k가 5보다 작으면, 왼편의 4개의 숫자 중에서 k번째로 작은 숫자를 찾는다.
  예를 들어 k가 3이라면,

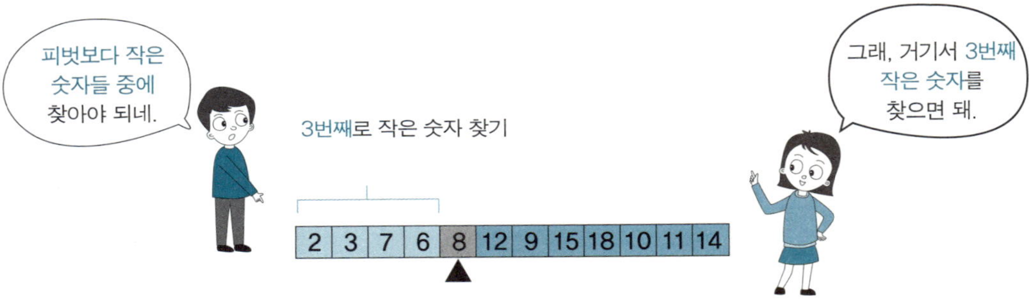

- k가 5보다 크면, 오른쪽의 7개의 숫자 중에서 k번째로 작은 숫자를 찾는다.

그런데 k가 5보다 큰 경우에 피벗의 오른쪽에 있는 7개의 숫자 중에서 k번째로 작은 숫자를 찾으면 안 된다. 왜냐하면 k가 8이라면 나누기 이전의 숫자 중에 8번째 작은 숫자를 찾아야 하는 것이지 피벗의 오른쪽에 있는 7개의 숫자 중에서 8번째 작은 숫자를 찾으라는 것이 아니기 때문이다. 따라서 k가 5보다 크면

- 오른쪽의 7개의 숫자 중에서 (k-5)번째로 작은 숫자를 찾아야 한다.

그래서 k = 8이면 오른쪽의 7개의 숫자 중에서 k − 5 = 3번째로 작은 숫자를 찾아야 하는 것이다.

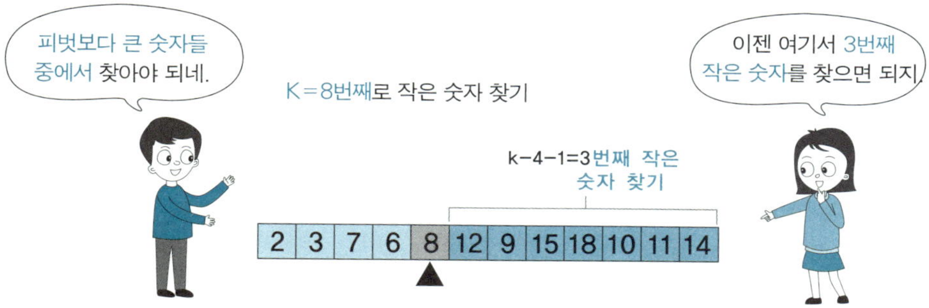

일반적으로 피벗의 오른쪽에 있는 숫자 중에 k번째 작은 숫자가 있으면 그 숫자 중에서 (k - 피벗보다 작은 숫자들의 개수 - 1)번째 작은 숫자를 찾아야 한다. 여기서 1을 뺀 것은 피벗도 k번째 작은 숫자보다 작기 때문이다.

이제 피벗의 왼쪽에 있는 숫자 중에서 k번째 작은 숫자가 있는 경우는 처음에 피벗을 정하여 숫자들을 나누는 것과 똑같이 하면 되고, 만일 피벗의 오른쪽에 있는 숫자 중에서 k번째 작은 숫자가 있는 경우는 새로운 k값을 계산하여 역시 처음에 피벗을 정하여 숫자들을 나누는 것과 똑같이 하여 계속해서 찾는다.

이때 찾아야 하는 부분에 있는 숫자들이 몇 개 안 되면 구태여 피벗을 선택해서 숫자들을 나누어 찾지 말고 바로 그 부분에서 k번째 작은 숫자를 찾는다.

퀵 정렬에서 경험했듯이 피벗이 매우 크거나 매우 작으면 숫자들을 한쪽으로 치우치게 분할하는 불상사가 벌어진다.

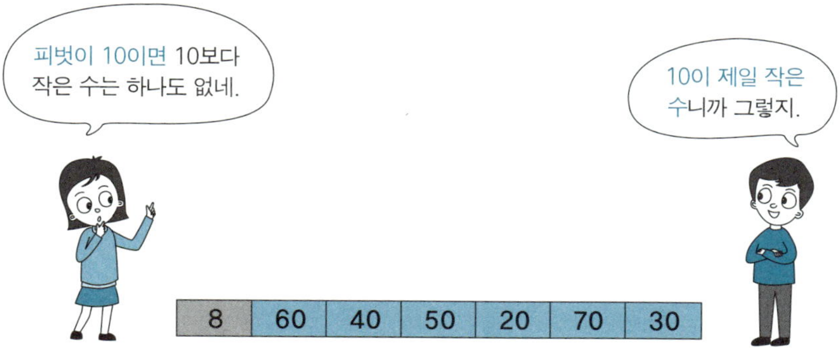

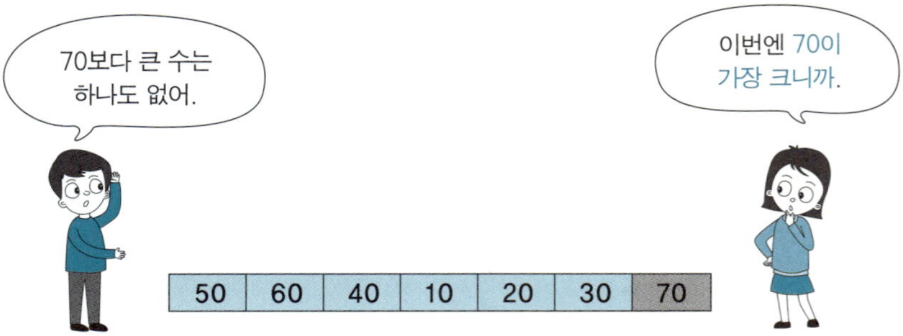

그러나 우리가 피벗을 랜덤하게 선택하여 어떤 경우는 치우치게 분할되더라도 또 어떤 경우는 비교적 균등하게 분할되어[10] 우리의 알고리즘은 문제없이 k번째 작은 숫자를 빨리 찾아준다.

10) 랜덤하게 선택한 피벗이 숫자들을 비교적 균등하게 분할할 확률은 1/2이다. 따라서 평균 2회 분할하면 그중에 1번은 숫자들이 비교적 균등하게 분할된다.

3-5

가장 가까운 두 점

카페, 편의점, 주유소, 음식점 등의 프랜차이즈 지점을 개업하려 할 때 가장 중요한 일은 지역에 있는 동일한 영업점들을 조사하는 것이다. 특히 지역 내에 가장 가까운 두 영업점을 찾아 그 거리를 알아보는 것도 새로운 지점을 개업하는 데 큰 도움이 될 것이다.

다음은 특정 지역의 커피 전문점들의 위치를 보여주며, 동그라미 안의 두 곳의 거리가 가장 가까운 것을 보여준다.

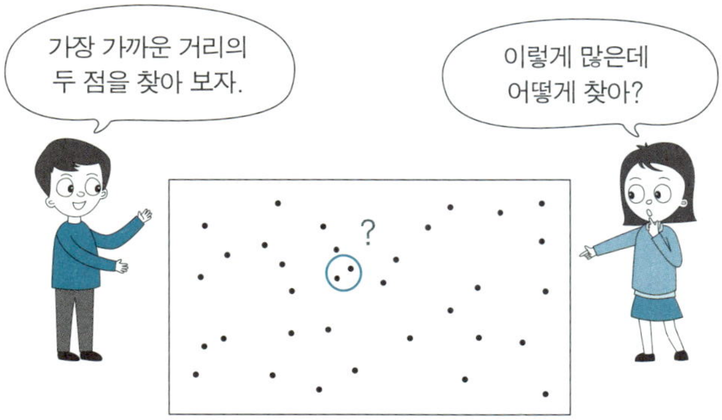

만일 5개의 상점이 있다면, 몇 개 안 되니까 두 개씩 짝지어 거리를 계산해서 그 중에 가장 짧은 거리의 두 점을 쉽게 찾을 수 있다.

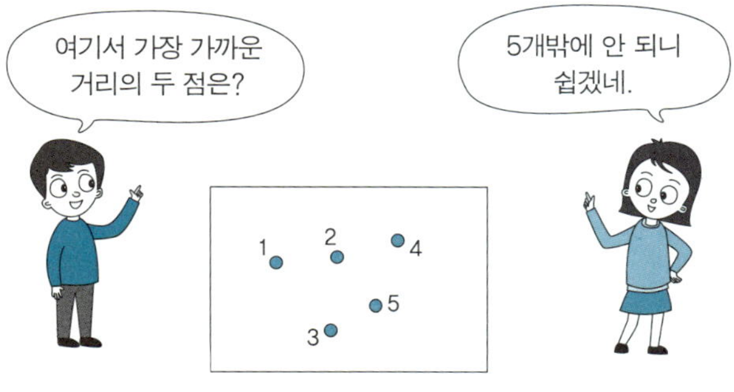

다섯 개의 상점들에 대해 1-2, 1-3, 1-4, 1-5, 2-3, 2-4, 2-5, 3-4, 3-5, 4-5 사이의 거리를 모두 다 계산해보면 가장 가까운 두 점을 찾을 수 있다. 이때 총 10회의 거리 계산이 필요하다.

그러나 점의 수가 많으면 총 거리 계산 수가 상당히 많아진다.[11] 그럼 이보다 빠르게, 즉 적은 계산량[12]으로 가장 가까운 두 점을 찾을 방법은 없을까?

나누어 해결하자. 점들을 반씩 나누어[13], 즉 좌측에 반, 우측에 반으로 나누어, 좌측과 우측에서 각각의 가장 가까운 두 점(승자)을 찾아 비교하여 그중에 더 가까운 쌍을 최종 승자로 삼는다. 그리고 좌측과 우측에서 각각 동일한 방법으로 승자를 찾는다.

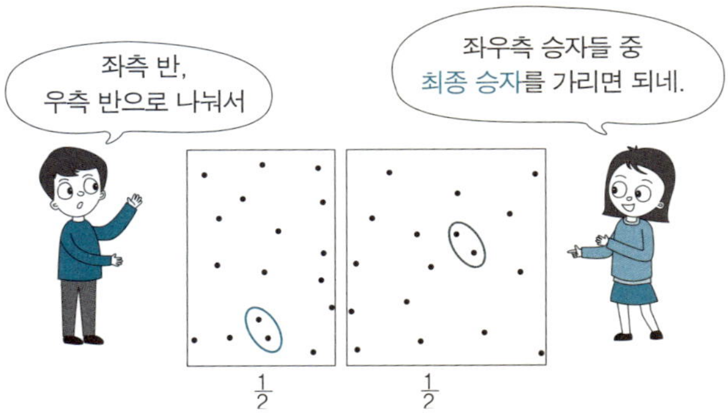

반씩 나뉜 각 부분에서 승자를 찾았으면, 예를 들어 좌측의 승자의 거리가 10이고 우측의 승자 거리가 15라면, 좌측의 승자가 최종 승자가 된다.

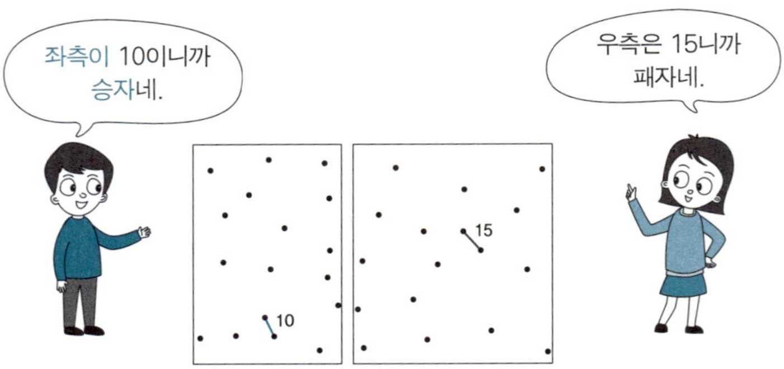

11) N개의 점이 있다면, 총 (N−1) + (N−2) + (N−3) + ⋯ + 1 = N(N−1)/2, 즉 N^2의 반 정도가 되는 거리를 계산하는 것이 필요하다.

12) N개의 점이 있다면, NlogN 계산만으로 가장 가까운 두 점을 찾을 수 있다.

13) 점의 수가 홀수이면 한 쪽에 1개 많게 나누면 된다.

그러나 우리가 간과했던 중간 부분에 최종 승자가 있을 수도 있다.

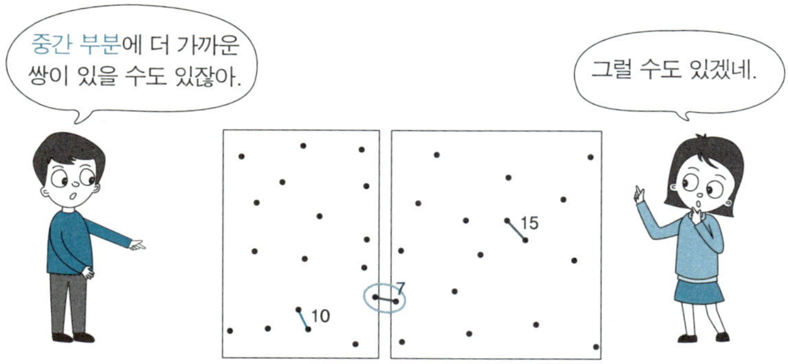

그럼 중간 부분에서는 어떻게 승자를 찾아야 할까?

비무장지대를 만들어라. 즉, 좌측과 우측의 승자 중에 짧은 거리(예제에서는 10)를 D라고 하면, 좌측의 가장 오른쪽에 위치한 점으로부터 좌측으로 D 이내에 위치한 점(흰색)들을 찾고, 우측의 가장 왼쪽에 위치한 점으로부터 우측으로 D 이내에 위치한 점(흑색)들을 찾는다.

그리고 흑점과 백점 사이의 거리만 계산하여 중간 부분의 승자를 찾는다.

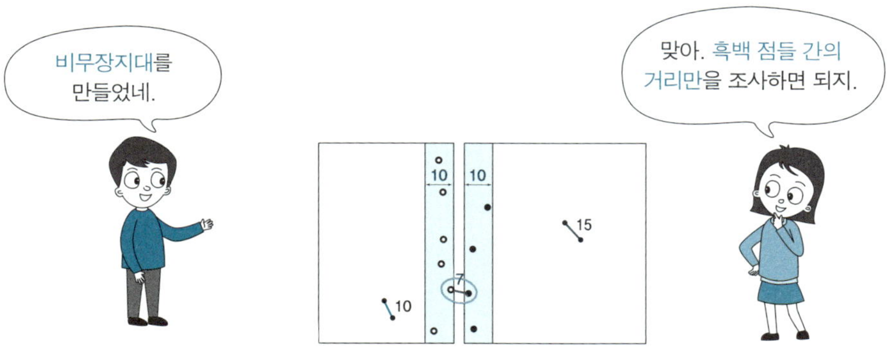

이때 좌측, 중간, 우측의 승자 중에서 가장 가까운 쌍이 최종 승자이다. 그런데 맨 처음 우리가 점들을 좌우로 이등분하였을 때, 좌측의 승자는 어떻게 찾고, 또 우측의 승자는 어떻게 찾을까?

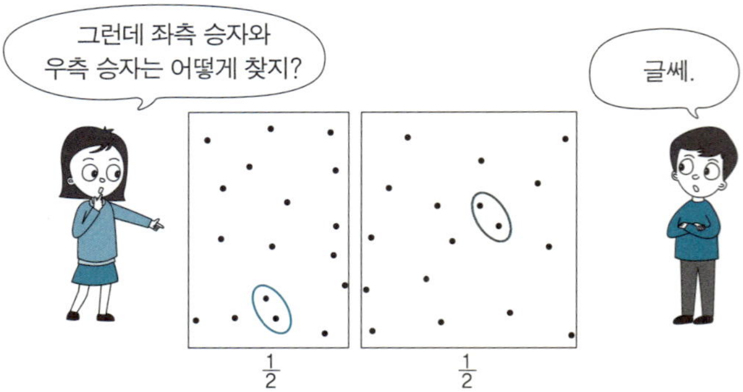

그 답은 앞서 설명한 것과 같이 각각의 부분을 다시 이등분하고 중간 부분을 검사하여 승자를 찾는다. 이러한 분할은 나눠진 부분에 있는 점의 수가 2~3개일 때 멈추고, 각 부분의 승자와 중간 부분의 승자 중에서 승자를 반복적으로 찾아서 최종 승자인 가장 가까운 두 점을 찾는다.

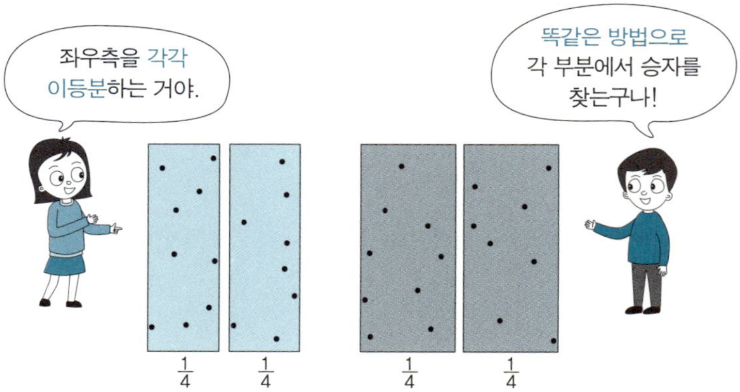

가장 가까운 두 점을 찾는 문제를 나누어 풀어본 알고리즘은 분할 정복 알고리즘의 대표적인 알고리즘이다. 입력을 이등분하고, 각각의 부분에 대해 반씩 나누기를 반복하여, 점이 2~3개 남으면 분할을 멈춘다. 일단 분할을 멈추면 그때부터 승자를 찾고 분할 직전의 좌 · 우측 부분과 그 사이의 중간 부분에서 승자를 찾는 방식으로 알고리즘이 진행되는데, 승자를 찾는 것이 분할 정복 알고리즘의 취합(정복) 과정인 셈이다.

다음 그림은 가장 가까운 두 점을 찾는 알고리즘의 분할 과정과 정복 과정을 전반적으로 보여준다.

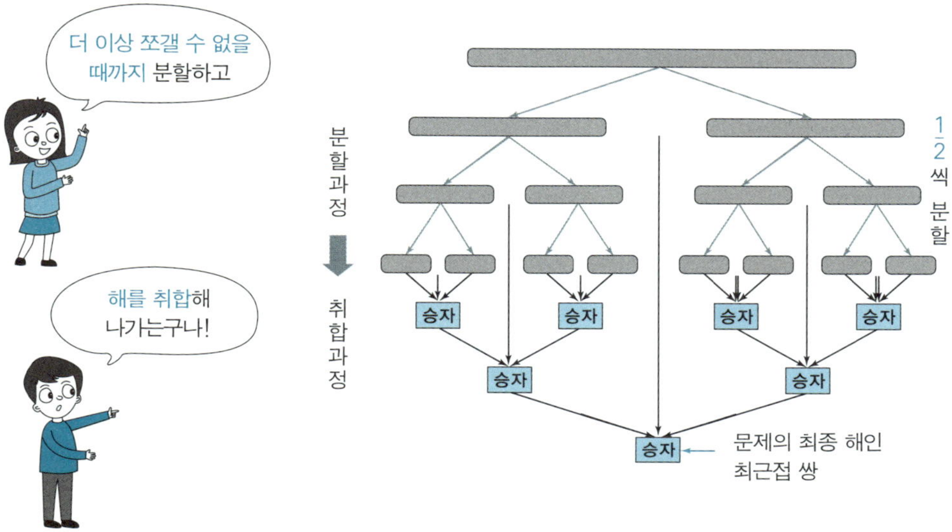

분할 정복 알고리즘은 문제의 입력을 일반적으로 2개 이상으로 분할하고, 분할된 부분을 연속해서 분할하여 더 이상 분할할 수 없을 때까지 분할하고, 이때부터 문제를 해결하고 해결된 부분을 취합하여 올라가며 문제의 해를 얻는다.

연습문제

문제1〉 가짜 동전을 찾을 때 반씩 나누어 저울에 달아보는데, 만일 동전 수가 짝수가 아니면, 어떻게 2등분하며 가짜 동전을 찾을 수 있는지 알아보자.

〔답〕 맨 처음에 홀수 개의 동전이 있다면, 1개는 바닥에 놓고 나머지를 2등분하여 저울에 달아본다. 만일 저울이 평형을 이루면 바닥에 있는 동전이 가짜 동전이다. 저울이 한쪽으로 기울면 올라간 쪽에 가짜 동전이 있는 것이다.

그 후 올라간 쪽의 동전들을 2등분하려는데 홀수 개라면 정상적인 동전 1개를 추가하여 2등분하면 된다. 또 다른 방법은 총 동전 수를 2^k개로 만든 후 저울 양편에 항상 같은 수의 동전을 달 수 있다.

문제2〉 가짜 동전을 찾을 때 3등분하여 한 부분은 바닥에 놓고 두 부분은 각각 저울에 올려 달아보는데, 만일 동전 개수가 3의 배수가 아니라면, 어떻게 3등분하며 가짜 동전을 찾을 수 있는지 알아보자.

〔답〕 동전 수가 각각 3K+1인 경우와 3K+2인 경우에 대해 생각해보자. 먼저 3K+1인 경우에는 저울 양쪽 접시에 각각 K개를 올리고, K+1개는 바닥에 둔다. 만일 저울이 평형을 이루면 바닥에 있는 동전들 중에 가짜 동전이 있다. 그러나 저울이 한쪽으로 기울면 올라간 쪽에 가짜 동전이 있는 것이다.

3K+2인 경우에는 저울 양쪽 접시에 각각 K+1개를 올리고, K개는 바닥에 둔다. 만일 저울이 평형을 이루면 바닥에 있는 동전 중에 가짜 동전이 있는 것이고 저울이 한쪽으로 기울면 올라간 쪽에 가짜 동전이 있는 것이다.

그 후 올라간 쪽의 접시 위에 있는 동전들이 3등분이 안되면 앞서 설명한 방법을 사용하여 분할하면 된다.

문제3〉 정렬된 64개의 숫자 중에서 맨 처음과 맨 뒤에 있는 숫자를 각각 찾기 위해 이진 탐색을 수행하면 몇 번의 숫자 비교를 해야 하는지 알아보자.

(답) 맨 처음 있는 숫자가 x라면 :

32번째 숫자와 x 비교, 15번째 숫자와 x 비교,

7번째 숫자와 x 비교, 3번째 숫자와 x 비교,

1번째 숫자와 x 비교 후 찾음, 총 5번의 비교가 필요하다.

맨 뒤에 있는 숫자가 y라면 :

32번째 숫자와 y 비교, 48번째 숫자와 y 비교,

56번째 숫자와 y 비교, 60번째 숫자와 y 비교,

62번째 숫자와 y 비교, 63번째 숫자와 y 비교,

64번째 숫자와 y 비교 후 찾음, 총 7번의 비교가 필요하다.

단, a번째 숫자와 b번째 숫자 중 중간에 있는 숫자는 $\lfloor(a+b)\rfloor/2$번째 숫자로 계산된 것이다. $\lfloor(a+b)\rfloor/2$는 $(a+b)/2$의 정수 부분만 취한다는 의미이다.

문제4〉 다음에 나열된 숫자들을 퀵 정렬로 정렬하려고 한다. 만일 8이 피벗이라면 8보다 작은 숫자들을 왼쪽으로 옮기고 8보다 큰 숫자들을 오른쪽으로 옮기는 방법을 알아보자.

8	3	11	9	12	2	6	15	18	10	7	14

(답) 먼저 피벗을 제외하고 맨 왼쪽부터 오른쪽으로 차례로 8과 비교하면서 8보다 큰 숫자를 발견하면 멈춘다. 위 그림에서 3은 8보다 작으므로 지나치고 다음 숫자인 11은 8보다 크므로 멈춘다. 그리고 맨 오른쪽 숫자부터 왼쪽으로 차례로 숫자가 8보다 크면 지나치고 8보다 작으면 멈춘다. 위 그림에선 14를 지나치고 7에서 멈춘다. 이젠 멈춘 두 숫자를 교환한다. 즉, 11과 7을 서로 자리바꿈한다.

8	3	7	9	12	2	6	15	18	10	11	14

계속하여 좌에서 우로 비교하다가 피벗보다 크면 멈추고, 우에서 좌로 비교하면 피벗보다 작으면 멈추어 멈춘 곳의 두 숫자를 서로 교환한다.

8	3	7	6	12	2	9	15	18	10	11	14

8	3	7	6	2	12	9	15	18	10	11	14

이때 서로 좌우에서 진행하다가 교차하면 다음과 같이 멈춘다.

8	3	7	6	2	12	9	15	18	10	11	14

이제 피벗과 오른쪽에서 왼쪽으로 비교해오다가 멈춘 곳의 2와 자리를 바꾸면 피벗을 중심으로 좌우에 각각 작은 숫자들과 큰 숫자들이 자리를 잡게 된다.

2	3	7	6	8	12	9	15	18	10	11	14

문제5〉 다음의 나열된 숫자 중에서 k번째로 작은 숫자를 찾는 알고리즘으로 9번째 작은 숫자를 찾으시오.

6	3	11	9	12	2	8	15	18	10	7	14

〔답〕 찾는 과정은 어떤 피벗을 선택하느냐에 따라 달라진다. 랜덤하게 피벗을 선택하며 4번 문제의 답에 설명된 과정을 반복하여 9번째 작은 숫자를 찾는다. 정답은 12이다.

문제6〉 10개의 점들이 평면상에 있을 때 모든 쌍의 거리를 계산하여 가장 가까운 두 점을 찾으려고 한다. 이때 총 몇 번의 거리 계산을 해야 하는지 알아보자.

〔답〕 총 ${}_{10}C_2$ = 10×(10-1)/2 = 10×9/2 = 90/2 = 45 쌍이 있으므로, 45번의 거리 계산이 필요하다.

A

고전과 현대의 분할 정복 전략

1805년 겨울, 나폴레옹의 군대는 아우스터리츠(Austerlitz, 현재 체코의 남동쪽에 있는 지역)라는 곳에서 오스트리아와 러시아 연합군과 대치하고 전투가 임박한 상태였다. 나폴레옹은 자신의 병력이 연합군보다 약 2만 명이 적은 상황에서, 연합군이 나폴레옹 군대의 옆쪽을 공격하도록 유도한 후, 연합군의 중앙을 공격하였다. 두 무리로 나누어진 연합군은 당황하여 도망가기 바빴고 나폴레옹 군대는 각각의 무리를 공격하여 대승을 거두었다. 약 3주 후 오스트리아는 프랑스와 조약을 맺고 프랑스에 많은 땅을 내주고 거액의 보상금도 지불하였다고 한다.

(출처:https://en.wikipedia.org/wiki/Battle_of_Austerlitz)

2016년 미국 대통령 선거에서 승리한 도널드 트럼프 대통령도 부통령인 마이크 펜스와 함께 분할 정복 전략으로 단기간에 많은 선거 유세를 소화하여 미국 45번째 대통령이 되었다고 한다.

(출처:https://abcnews.go.com/GMA/video/exclusive-donald-trump-mike-pence-set-divide-conquer-41887408)

3 STEP
2 STEP
1 STEP

Greedy Algorithms

Part 4
욕심내어 풀어보자

문제를 욕심내어 푼다는 것은 문제를 해결하는 과정에서 항상 가장 작은 것(또는 문제에 따라서 가장 큰 것)을 선택하는 방식으로 문제의 해를 구하자는 것이다. 이러한 방식의 알고리즘을 그리디(Greedy) 알고리즘[1]이라고 일컫는다.

그리디 알고리즘은 (입력)데이터 사이의 관계를 고려하지 않고 수행 과정에서 무조건 '욕심내어' 최솟값(또는 최댓값)을 가진 데이터를 선택한다. 이러한 선택을 '근시안적'인 선택이라고 말하기도 한다. 그리디 알고리즘은 지속적인 근시안적인 선택을 모아서 문제의 해를 얻는다.

1) 일부의 최적화 문제(최솟값 또는 최댓값을 찾는 문제)들을 해결하는 데 그리디 알고리즘이 사용된다.

그리디 알고리즘이 가진 또 하나의 특징은 일단 선택한 것에 대해 절대로 번복하지 않는다. 즉, 이미 선택된 데이터를 버리고 다른 것을 선택하지 않는다. 이러한 특성 때문에 대부분의 그리디 알고리즘들이 매우 단순하며, 반면에 제한적인 문제들만이 그리디 알고리즘으로 해결된다.

이번 Part에서는 그리디 알고리즘으로 해결 가능한 대표적인 문제인 동전 거스름돈, 물건을 부분적으로 담을 수 있는 부분 배낭, 특수한 숫자 중에서 숫자 선택, 최소 비용으로 연결(최소 신장 트리), 가장 짧은 길(최단 경로) 문제를 차례로 살펴본다.

4-1

동전 거스름돈

거스름돈을 동전으로 받아야 할 때, 누구나 적은 수의 동전으로 거슬러 받기를 원한다. 예를 들어 거스름돈이 760원이라면, 500원짜리 동전 1개, 100원짜리 2개, 50원짜리 1개, 10원짜리 1개, 즉 5개가 760원에 대한 최소의 동전 수이다.

동전 거스름돈 문제를 해결하는 가장 간단하고 방법은 남은 액수를 초과하지 않는 조건하에 '욕심내어' 가장 큰 액면의 동전을 취하는 것이다.

여기서 중요한 점은 한번 거스름돈으로 취한 동전을 절대로 취소하지 않는다는 것이다. 만일 이미 선택한 동전을 혹시나 하여 취소하고 다른 액면의 동전으로 바꾸면 이는 그리디 알고리즘이 아니다.

500원, 100원, 50원, 10원, 1원짜리 동전들이 각각 충분히 있고, 거스름돈이 1,000원 미만일 때를 생각해보자. 가령 거스름돈이 760원이라면,

• 먼저 욕심내어 500원짜리 동전 1개를 선택한다.

• 남은 돈 260원에 대해 500원보다 작으므로 그 다음으로 큰 액면의 동전인 100원짜리 동전 1개를 선택하고,
• 남은 돈 160원에 대해 100원짜리 동전 1개를 선택한다.

• 남은 돈 60원에 대해 50원짜리 동전 1개를 선택하고, 마지막으로 10원짜리 동전을 1개를 선택한다.

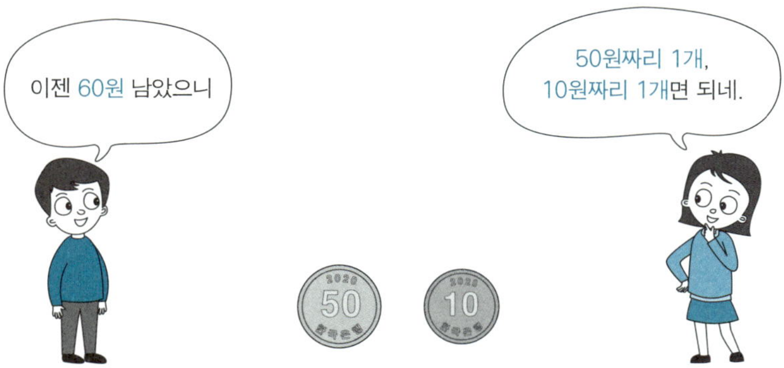

따라서 760원을 거슬러주는데 필요한 최소 동전 수가 5개이다.

그런데 만일 한국은행에서 160원짜리 동전을 발행했다면, 그리디 알고리즘이 최소 동전 수를 찾아줄까?

거스름돈이 200원이라면, 그리디 알고리즘은 160원짜리 동전 1개를 욕심내어 선택하고, 남은 40원에 대해 10원짜리 4개를 택한다. 따라서 그리디 알고리즘은 총 5개의 동전을 선택한다. 그러나 200원의 거스름돈은 100원짜리 동전 2개로 충분하다.

따라서 항상 욕심만 낸다고 최적해를 찾을 수는 없다. 그러나 다행히도 어느 나라에서나 최소 동전으로 거스름돈을 계산할 수 있도록 동전들을 발행하니까 이러한 경우에 대해 걱정할 필요는 없다.

4-2

부분 배낭

금, 은, 백금, 주석이 분말 형태로 각각의 주머니에 담겨있다. 각 주머니에 담긴 금속의 무게와 단위 그램 당 가격이 주어질 때, 가장 비싼 가치를 얻기 위해 한정된 용량의 배낭을 어떻게 채워야 할까?

최대 가치를 얻을 수 있는 물건들을 배낭에 담기 위해서는 먼저 각 물건의 단위 그램 당 가치를 계산한다. 그리고 욕심내어 단위 그램 당 가치가 높은 물건부터 차례로 배낭에 담는다.

예를 들어 50g의 주석이 5만 원이고, 10g의 백금이 60만 원, 25g의 은이 10만 원, 15g의 금이 75만 원이다. 그리고 배낭의 최대 용량은 40g이라고 생각해보자.

	그램 당 가치
백금	6만 원
금	5만 원
은	4천 원
주석	1천 원

단위 그램 당 가치를 각각 계산하면,

주석: 5만 원/50g = 1천 원/g

백금: 60만 원/10g = 6만 원/g

은: 10만 원/25g = 4천 원/g

금: 75만 원/15g = 5만 원/g이다.

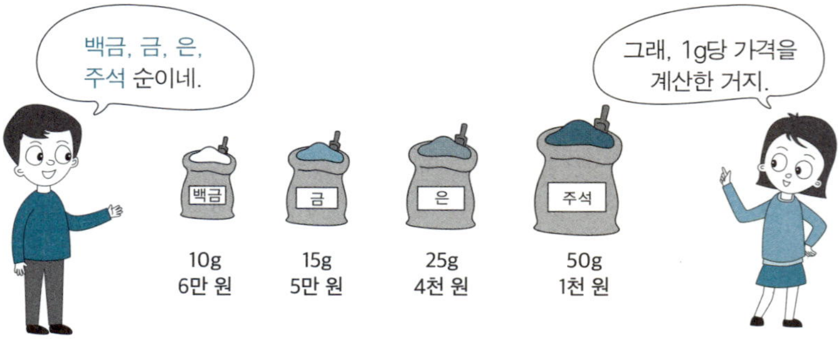

먼저 40g을 담을 수 있는 배낭에 욕심내서 단위 그램 당 가장 값나가는 백금을 전부(10g) 배낭에 넣는다.

계속해서 그 다음으로 값나가는 금 전부(15g)를 배낭에 담는다.

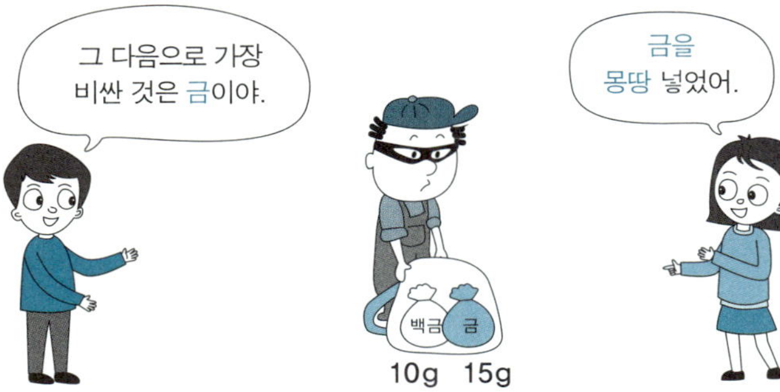

그런데 그 다음으로 값나가는 은은 모두 배낭에 담을 수 없다. 따라서 은은 배낭에 넣을 수 있을 만큼만, 즉 40 - (10 + 15) = 15g만 배낭에 담는다.

이렇게 백금과 금을 모두 배낭에 담으면 60만 원 + 75만 원 = 135만 원이 되고, 은의 경우는 15g밖에 못 담으므로 15 × 4천 원 = 6만 원이 되어, 총 141만 원을 얻는다. 이는 40g의 배낭에 담을 수 있는 최고의 가치이다.

그런데 만일 물건을 통째로만 배낭에 담아야 한다면 그리디 알고리즘이 항상 최고의 가치를 찾아줄까?

다음 그림의 예제에서 각 물건의 단위 무게 당 가치를 계산해보면, A는 50/5 = 10, B는 140/20 = 7, C는 60/10 = 6이다.

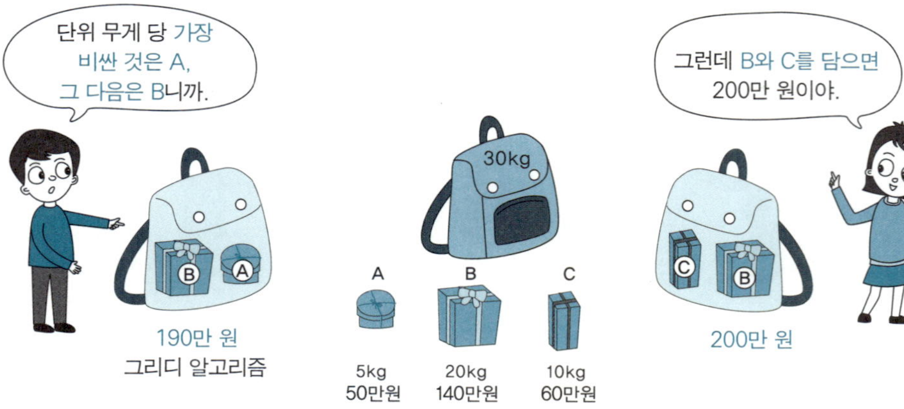

그리디 알고리즘은 A를 가장 먼저 선택한 후, B를 선택하고, C는 배낭에 담지 못한다. 이때의 총 가치는 50 + 140 = 190만 원이다. 그러나 B와 C를 담으면 200만 원의 가치를 얻는다.[2)] 그리디 알고리즘은 한번 선택한 물건을 절대로 포기하지 않으므로, 처음 A를 선택한 순간부터 최대 가치를 얻을 기회를 잃어버린 것이다.

2) 물건을 통째로 배낭에 담는 문제는 Part 5의 동적 계획 알고리즘으로 해결된다.

4-3

숫자 선택

주어진 숫자들 가운데서 합하여 K가 되는 숫자를 찾아보자.[3] 예를 들어 {1, 4, 7, 13, 25, 64, 125, 260, 550}이 주어지고, K = 85라면, 1, 7, 13, 64의 합이 85이므로, 문제의 해는 {1, 7, 13, 64}이다. 만일 K가 100이라면 어느 숫자를 골라서 합해도 답은 없다. 여기서는 문제에 항상 답이 있다고 가정하자.

이 문제는 주어진 집합의 숫자들이 어떤 특수한 관계를 갖고 있지 않고, 숫자가 많으면 답을 찾는 것이 쉽지 않다. 이러한 일반적인 경우 문제를 해결하는 방법은 Part 6에서 다시 다룬다.

위 예제의 {1, 4, 7, 13, 25, 64, 125, 260, 550}을 살펴보면 숫자들 사이에 다음과 같은 특수한 관계가 있다.

> 어떤 숫자이든지 자신보다 앞서있는 숫자들의 합과 같거나 크다.

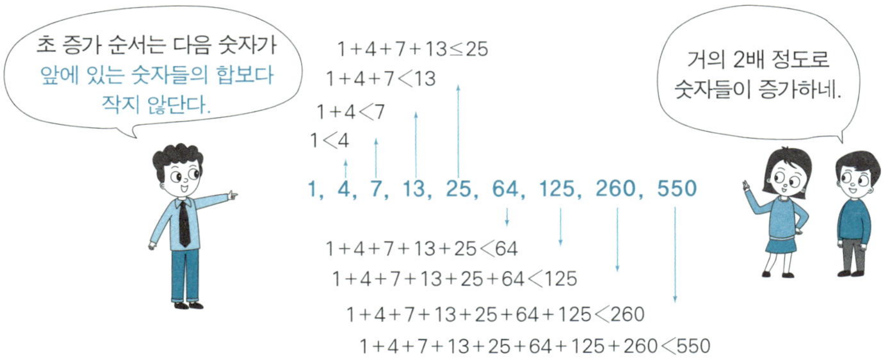

3) 이 문제는 부분 집합의 합(Subset Sum) 문제라고 불린다.

집합에 주어진 숫자들이 정렬되어 있을 때 어떤 임의의 숫자가 그보다 앞선 숫자들의 합과 같거나 크면 이러한 숫자들을 초 증가 순서(Super Increasing Sequence)라고 일컫는다.

집합에 주어진 숫자들이 초 증가 순서라면 부분 집합의 합 문제는 다음과 같은 그리디 알고리즘으로 쉽게 해결된다.

가장 큰 숫자부터 차례대로 다음과 같이 검사한다. 단, K=0이면 알고리즘을 종료한다.

- 만일 현재 검사하는 숫자가 K보다 크면 그 숫자는 무시한다.
- 현재 검사하는 숫자가 K와 같거나 작으면, 그 숫자를 선택한다. 그리고 선택한 숫자만큼 K를 감소시킨다.

집합 {1, 4, 7, 13, 25, 64, 125, 260, 550}과 K = 85가 주어졌을 때 집합의 어떤 숫자를 골라서 합하면 85가 되는지 위의 알고리즘을 이용하여 찾아보자.

- 먼저 가장 큰 숫자인 550은 85보다 크므로 무시한다.
- 그 다음 260과 125도 각각 85보다 크므로 역시 선택하지 않는다.

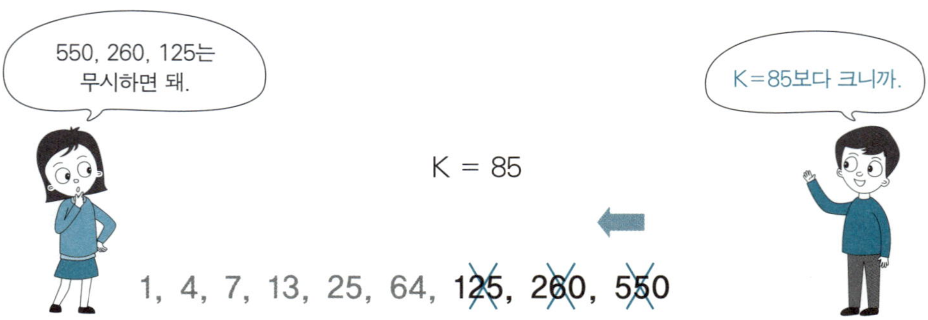

- 다음 큰 숫자인 64는 85보다 작으므로 선택한다. 그리고 K = 85 − 64 = 21이 된다.

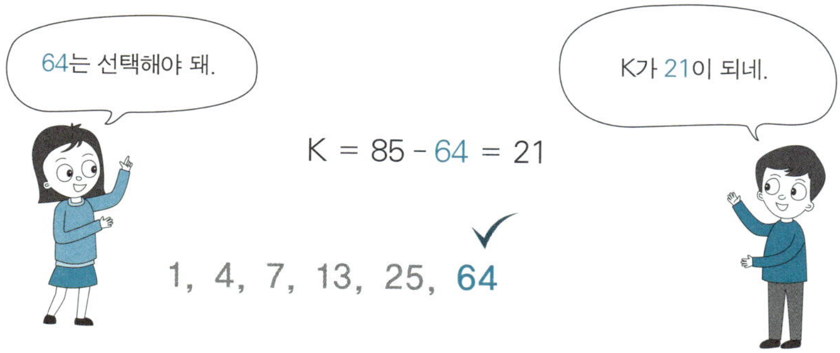

• 다음 숫자인 25는 K = 21보다 크다. 따라서 25를 선택하지 않는다.

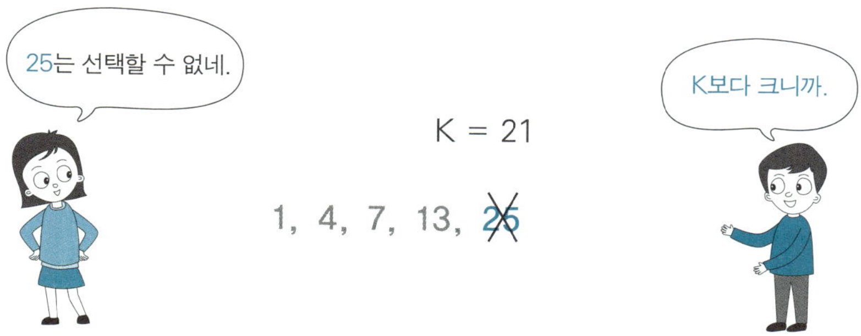

• 다음 13은 K보다 작으므로 13을 선택한다. 그리고 K = 21 - 13 = 8이 된다.

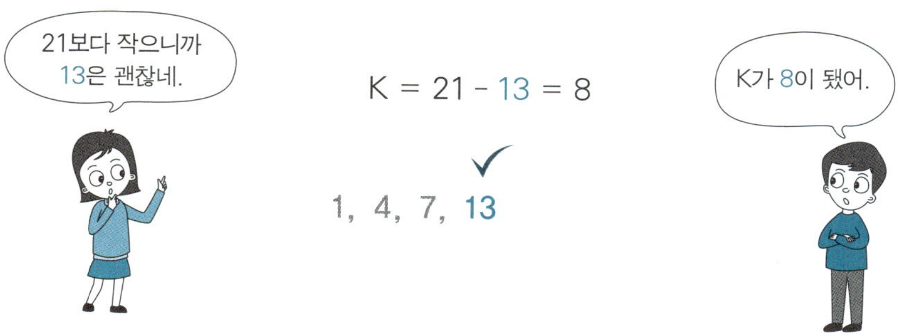

• 7도 K = 8보다 작으므로 7을 선택한다. K = 8 - 7 = 1이 된다.

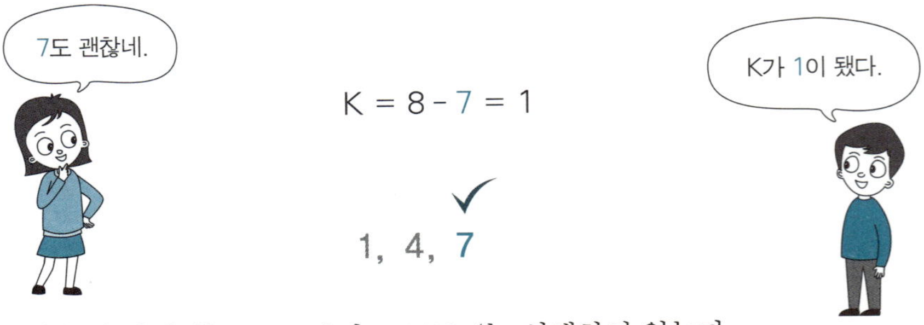

• 다음 숫자인 4는 K = 1보다 크므로 4는 선택하지 않는다.

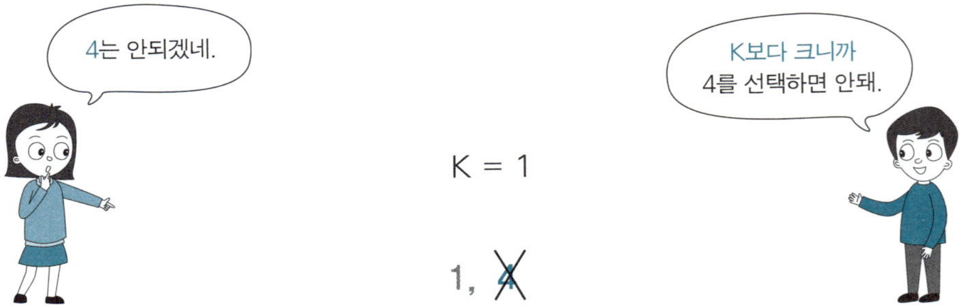

• 마지막으로 1를 선택하여 K = 1 - 1 = 0이 되어 알고리즘을 종료한다.

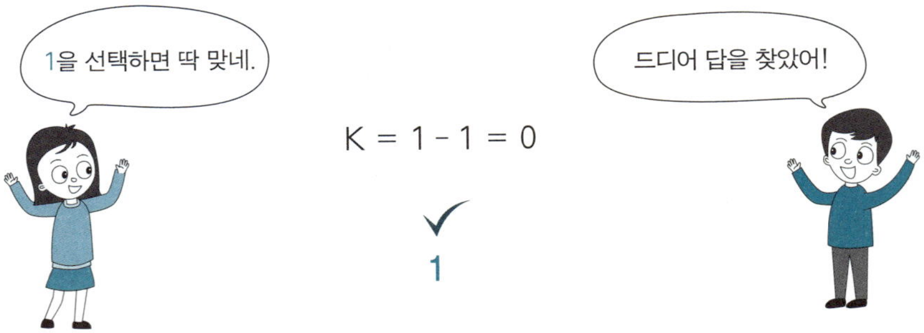

따라서 85를 만들기 위해 64, 13, 7, 1을 선택하면 된다.

그럼 왜 현재 검사하는 숫자(이 숫자를 x라고 하자)가 K와 같거나 작으면 그 숫자를 선택할까?

그럼 반대로 질문해보자. 즉, x가 K와 같거나 작은데도 x를 선택하지 않으면 어떻게 되는지를 한번 생각해보자.

앞의 예제에서 알고리즘에 따라 가장 먼저 선택한 64를 만일 선택하지 않는다면 어떻게 될까? 집합에 주어진 숫자들이 초 증가 순서이므로 64보다 작은 숫자들을 모두 합하여도 그 합이 64와 같거나 작다. 실제로 64보다 작은 숫자들의 합은 1 + 4 + 7 + 13 + 25 = 50밖에 안 된다. 따라서 64를 선택하지 않은 채 64보다 작은 숫자들을 모두 선택하더라도 K = 85를 만들 방법이 없다. 따라서 64를 반드시 선택해야 한다.

13과 7을 각각 선택할 때도 마찬가지로 이들을 선택하지 않고서는 21과 8을 만들 방법이 없다. 따라서 집합에 주어지는 숫자들이 초 증가 순서를 이루면 그리디 알고리즘으로 매우 쉽게 해를 찾을 수 있다. 이렇게 쉽게 해를 찾을 수 있는 특성을 이용하여 개발된 암호 시스템[4)]도 있다.

4) 집합이 초 증가 순서로 주어지는 숫자 선택 문제는 머클-헬만(Merkle-Hellman)의 배낭 암호 시스템(Knapsack Cryptosystem)에서 사용된다. 머클-헬만 암호 시스템은 먼저 초 증가 순서를 정하고 이를 랜덤하게 선택한 숫자들을 가지고 위장하여 공개키를 만든다. 그리고 공개키로 암호화한 메시지를 받아서 이를 해독하기 위해 랜덤하게 선택했던 숫자들로 위장했던 부분을 제거한다. 그리고는 앞서 소개한 그리디 알고리즘을 사용하여 해독한다. 머클-헬만 암호 시스템은 그리디 알고리즘을 이용해 매우 쉽고 빠르게 메시지를 해독할 수 있는 반면에 일반적인 숫자들로 위장하여 암호화된 메시지는 어떤 알고리즘으로도 거의 해독 불가능한 점을 이용한 암호 시스템이다.

4-4

최소 비용으로 연결

8개의 섬으로 이루어진 어느 섬나라에서 섬 사이의 다리를 놓아 모든 섬을 차량이나 걸어서 왕래할 수 있게 하려고 한다. 그러나 이 나라는 예산이 그리 넉넉지 않아서 최소의 비용으로 섬들을 연결할 다리를 건설할 계획이다. 먼저 이 나라에서는 건설 가능한 모든 다리와 그 비용을 조사하여 다음 그림과 같은 지도를 만들었다. 지도의 간선 위의 숫자는 교량을 건설하는데 드는 비용이다.

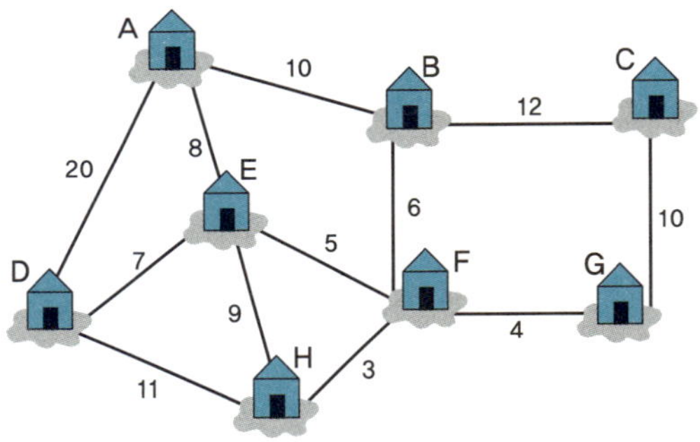

섬들을 최소 비용으로 연결하는 문제는 그래프의 최소 신장 트리 문제와 같다. 이 문제를 해결하기 위해 먼저 트리에 대해서 알아보자.

그래프에서 트리는 점들이 서로 연결되어 있는 동시에 사이클을 가지지 않는다. 특히 그래프의 모든 점을 연결하는 트리를 신장 트리라고 일컫는다.

그리고 트리는 다음의 2가지 특성을 가진다.

[1] N개의 점을 가진 그래프의 신장 트리는 정확히 N-1개의 간선을 가진다.

[2] 어느 두 점 사이의 경로는 하나밖에 없다.

예를 들어 다음의 8개의 점을 가진 그래프에 대해 신장 트리들과 그렇지 않은 것들을 한번 살펴보자.

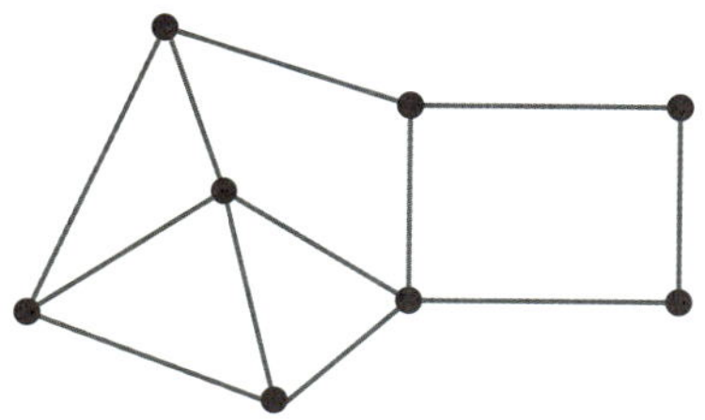

다음 2개의 그래프는 신장 트리이다. 왜냐하면 이들 각각은 8개의 점을 가지고 있고, 모든 점이 사이클 없이 서로 연결되어 있기 때문이다.

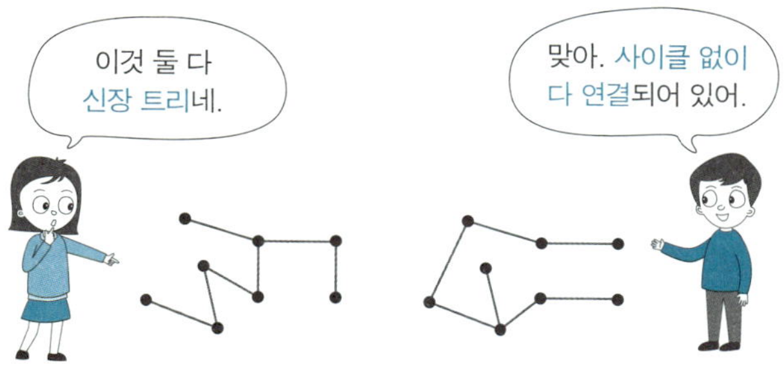

그러나 다음 2개는 신장 트리가 아니다. 그 이유는 하나는 사이클이 있고, 다른 하나는 1개의 점이 다른 점들과 연결되어 있지 않기 때문이다.

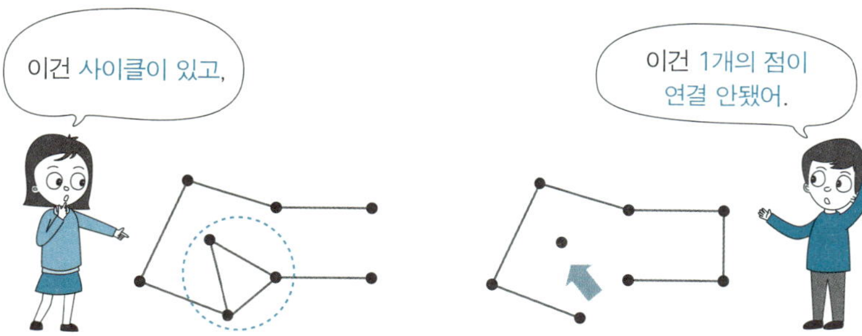

그래프에는 수많은 신장 트리가 있다. 그중에 특히 최소 신장 트리[5]는 간선에 가중치가 부여된 그래프에서 최소 가중치의 합을 가진 신장 트리이다.

5) 최소 신장 트리(Minimum Spanning Tree)는 최소 비용 신장 트리(Minimum Cost Spanning Tree)라고도 한다.

이 섬나라를 위해 최소의 비용으로 섬들을 모두 연결하려면 지도에서 최소 신장 트리를 찾아라.

최소 신장 트리를 찾는 알고리즘[6]으로 가장 대표적인 것은 프림(Prim) 알고리즘이다. 프림 알고리즘은 그리디 알고리즘으로 트리를 만들어가는 과정에서 욕심내어 트리에 연결된 점들 중에서 가장 짧은 거리에 있는 점을 선택하여 트리에 추가한다.

> [1] 최소 신장 트리 T를 만들기 위해 처음에 임의의 점[7]하나를 선택하여 T에 넣는다.
>
> [2] 한 단계 수행할 때마다 T 밖에 있는 1개의 점을 T에 추가하는데, 추가되는 점은 T에 있는 점과 가장 가까운 점이다.

프림 알고리즘을 쉽게 이해하기 위해서 각각의 섬을 단추로 생각하고 건설 가능한 교량을 실로 생각하여 단추들을 연결해보자. 두 단추를 연결하는 실의 길이가 두 섬을 연결하는 다리를 건설하는 비용과 같다.

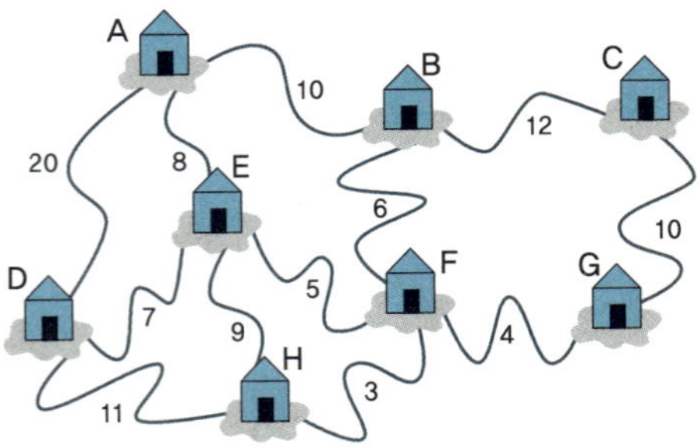

먼저 시작점으로 A를 선택한 후, A를 트리에 넣는다. 그리고 A를 위로 들어올려 보자. A에 '직접' 매달린 단추들의 실이 팽팽하도록 조금 더 A를 끌어올려 보면 D, E, B가 A에 매달린다.

6) 프림(Prim) 알고리즘과 크러스컬(Kruskal) 알고리즘이 대표적인 최소 신장 트리 알고리즘이나, 프림 알고리즘이 최단 경로를 찾는 알고리즘과 매우 유사하므로 여기서는 프림 알고리즘을 소개한다.

7) 신장 트리에는 그래프의 모든 점이 포함되어야 하므로 처음에 아무 점이나 선택하여도 무방하다.

그중에 가장 짧게 매달린 E를 욕심내어 선택하여 T에 넣는다. 다음은 T에 E를 넣은 모습을 보여준다.

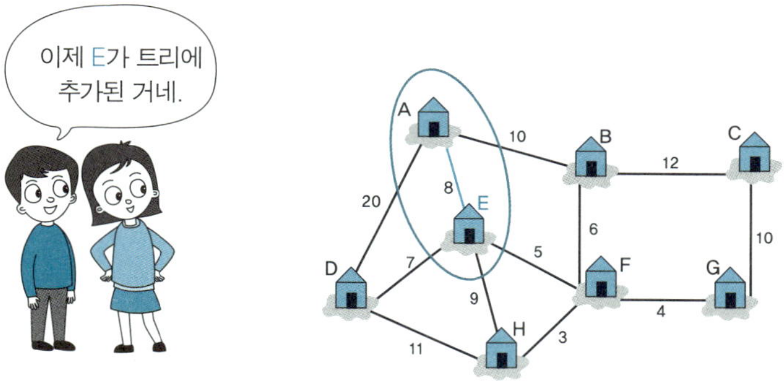

다음은 A와 E를 함께 위로 들어 올려보자. 이때 D, H, B, F에 연결된 실들이 팽팽해지고, 이 단추 중에서 가장 짧게 매달린 F를 선택한다.

다음은 T에 F가 추가된 것을 보여준다.

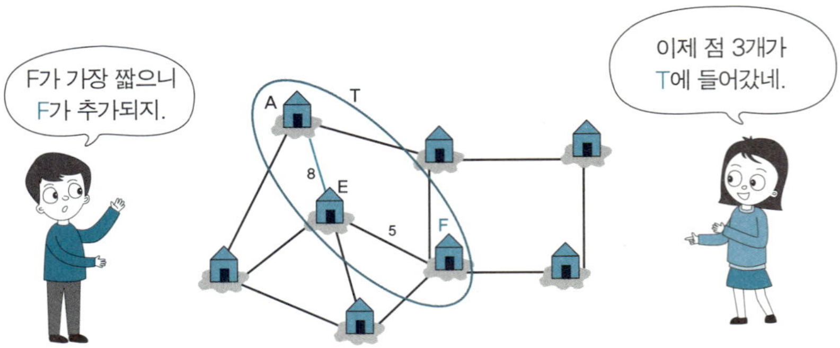

A, E, F를 함께 들어 올리면, H가 가장 짧게 매달리므로 H를 T에 추가한다.

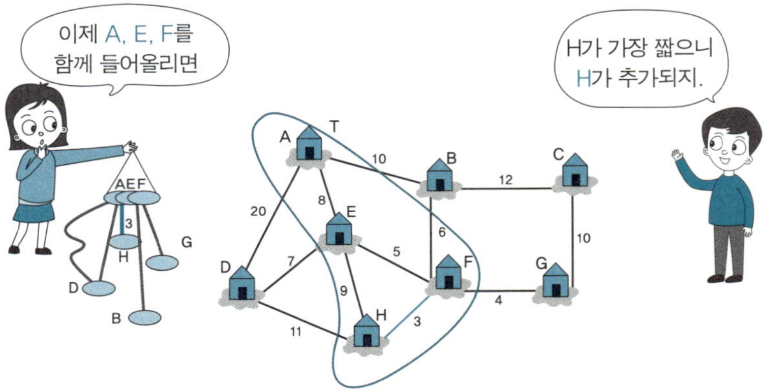

이와 같은 방식으로 가장 짧게 매달린 단추를 T에 추가한 후, T에 있는 모든 단추를 함께 들어 올려서 T에 추가할 단추를 찾으면, 다음 그림과 같은 순서로 단추들이 T에 추가된다.

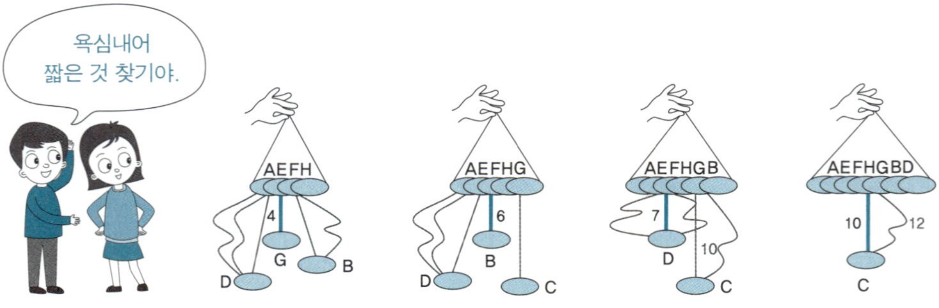

만일 가장 짧은 길이로 매달린 단추가 2개 이상 있으면 그중에 아무것이나 선택해도 된다. 그리고 모든 단추가 T에 추가되면 그때의 T가 바로 최소 신장 트리이다.

다음은 프림 알고리즘에 따라서 만든 최소 신장 트리이고, 이때 모든 섬을 연결하는 비용은 8 + 5 + 3 + 4 + 6 + 7 + 10 = 43이며, 이는 최소 비용이다.

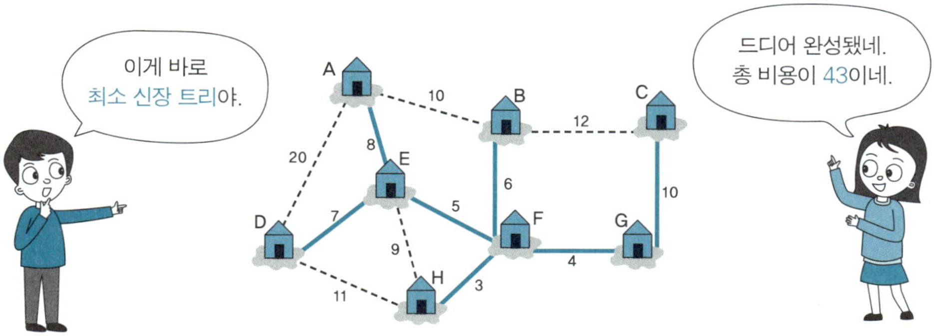

4-5

가장 짧은 길

차량을 운전하여 낯선 곳을 찾아가야 할 때, 내비게이션 장치는 필수적이다. 내비게이션 장치는 여러 가지 기능을 가지고 있으나 그중 가장 기본적인 기능은 출발점과 도착점 사이의 가장 짧은 길(최단 경로)을 찾아 사용자에게 안내하는 것이다.

다익스트라[8]의 알고리즘은 최단 경로를 찾아주는 가장 대표적인 알고리즘이다. 다익스트라 알고리즘은 출발점에서 모든 다른 점들까지 각각의 최단 경로를 찾아주는데, 그 수행 과정에서 점들을 경로가 확정된 점들과 아직 확정되지 않은 점들로 구분하여, 알고리즘의 한 단계를 수행할 때마다 경로가 미확정된 점 1개를 선택하여 그 점의 경로를 확정한다. 맨 처음에는 출발점만 경로가 확정된 점이다.

다음은 다익스트라의 최단 경로 알고리즘이다.

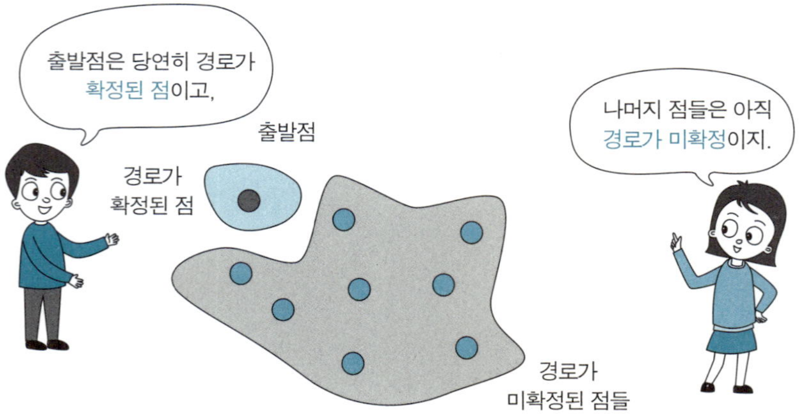

8) 다익스트라(Dijkstra, 1930~2002)는 1972년 컴퓨터 분야에서 최고 상인 튜링상을 수상한 네덜란드의 컴퓨터 과학자이다.

> [1] 경로가 미확정된 점 중에서 출발점으로부터 가장 가까운 점을 선택한다. 선택된 점을 x라고 하자.
> [2] 경로가 미확정된 점 중에서 x에 인접한 점이 있으면, 출발점으로부터 x를 거쳐서 더 짧은 거리로 인접한 점에 도달할 수 있으면 그 거리를 기록해 둔다.

[1]에서는 아직 경로가 확정되지 않은 점 중에서만 가장 가까운 점을 선택한다. 그리고 한번 선택한 점은 경로가 확정된다. [2]에서는 x에 인접하면서 아직 경로가 확정 안 된 점에 대해서 거리 계산을 수행한다. 이는 만일 x를 거쳐서 인접한 점에 도달한 거리가 더 가까운 경우에만 그 거리[9]를 기록해두려는 것이다. 이렇게 기록된 거리를 가지고 [1]에서 가장 가까운 점을 선택한다.

다음 예제에 대해서 다익스트라 알고리즘으로 출발점인 A로부터 각 점까지의 최단 경로와 거리를 찾아보자.

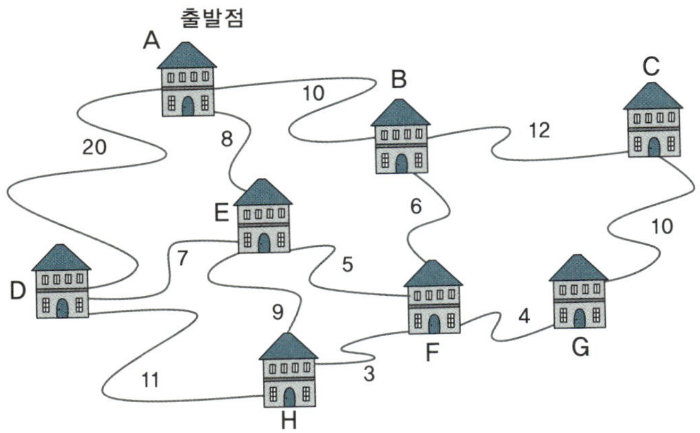

출발점으로부터 가장 가까운 점을 단계적으로 선택하는 것이므로 점을 단추로 생각하고 실이 단추들에 연결되어 있다고 생각해보자.

9) 출발점에서 x를 거쳐서 그 인접한 점까지의 거리

맨 처음 출발점이 A이므로 A를 위로 들어올린다. 이때 3개의 단추(점)가 A에 매달리는데 그중에서 가장 짧게 매달린 것이 E이다.[10)]

이와 같이 선택한 E까지의 거리인 8은 A로부터 E까지 최단 거리이고 그 경로는 A→E가 되며, 이렇게 한번 확정된 경로와 거리는 그리디 알고리즘 특성상 절대로 변하지 않는다. 그리고 나중에 최단 경로를 추출하기 위해 A→E를 기억해둔다.

그 다음 단계에서는 프림의 알고리즘과 같이 A와 E를 함께 들어 올리지만, A와 E에 매달리는 각 단추(점)의 길이는 A로부터 각 점까지 도달하는 거리이다.

10) 여기까지는 프림 알고리즘과 다를 바가 없다. 왜냐하면 A에서 3개의 점으로 각각 도달하는 거리와 A와 연결된 각 점 사이의 간선의 길이가 같기 때문이다.

E까지의 경로가 확정되었으므로, 이제 E에 인접하면서 경로가 확정 안 된 점의 거리를 계산한다. 즉, 출발점 A로부터 E를 거쳐서 E에 인접한 점까지의 거리를 계산해보자.

- 먼저 D를 살펴보면, A에서 D로 직접 가는 거리가 20이지만, A로부터 E를 거쳐서 D로 가면 15밖에 안 된다. 왜냐하면 A-E 거리가 8이고 E-D 거리가 7이기 때문이다. 따라서 A로부터 D에 도달하는 거리가 15라는 것을 D에 기록해둔다.

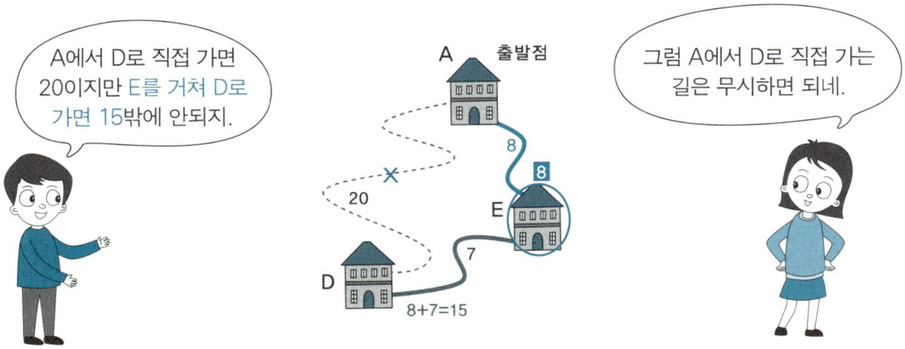

- H는 A로부터 E를 거쳐서 갈 수 있으므로, A-E-H의 거리는 8 + 9 = 17이다. 따라서 A로부터 H에 도달하는 거리가 17이라는 것을 H에 기록해둔다.

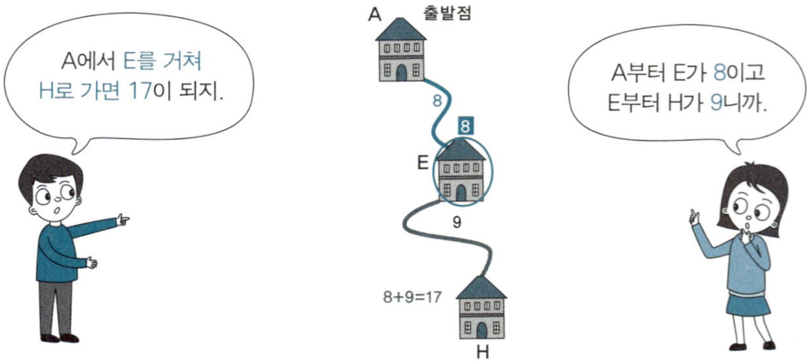

• F도 A로부터 E를 거쳐서 갈 수 있으므로, A-E-F의 거리는 8 + 5 = 13이다. 따라서 A로부터 F에 도달하는 거리가 13이라는 것을 F에 기록해둔다.

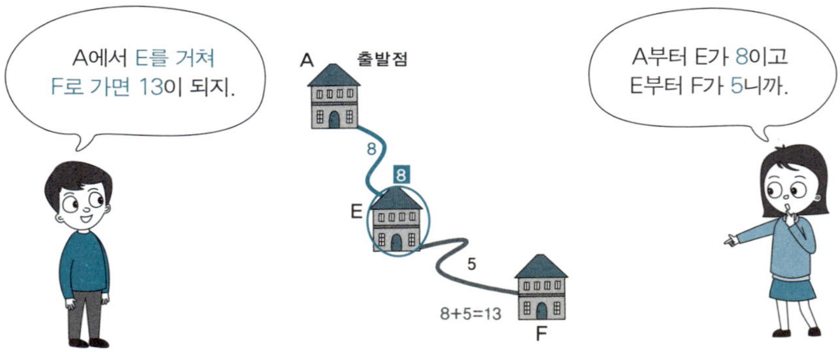

위에서 각각 기록해둔 거리는 E를 들어 올렸을 때 E에 매달리는 D, H, F에 연결된 실의 길이와 같다.

그 다음은 A와 E를 함께 위로 들어올리면 4개의 점이 매달리는데 그중에서 B가 가장 짧게 매달리므로 B를 선택한다. 그러므로 A로부터 B까지의 최단 거리는 10으로 확정된다. 그리고 나중에 경로를 추출하기 위해 A→B를 기억해둔다.

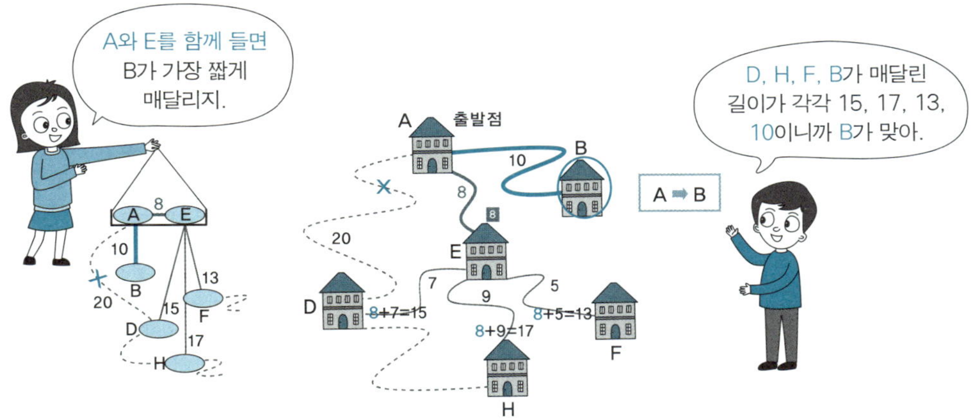

이제 B의 경로가 확정되었으므로 B에 인접하면서 경로가 확정되지 않은 점들의 거리를 계산한다.

- C는 A로부터 B를 거쳐 22에 도달할 수 있다.
- F는 A-B-F의 거리가 10 + 6 = 16이지만, A-E-F의 거리가 13이므로 B를 거쳐서 F에 도달하는 경로는 무시한다.

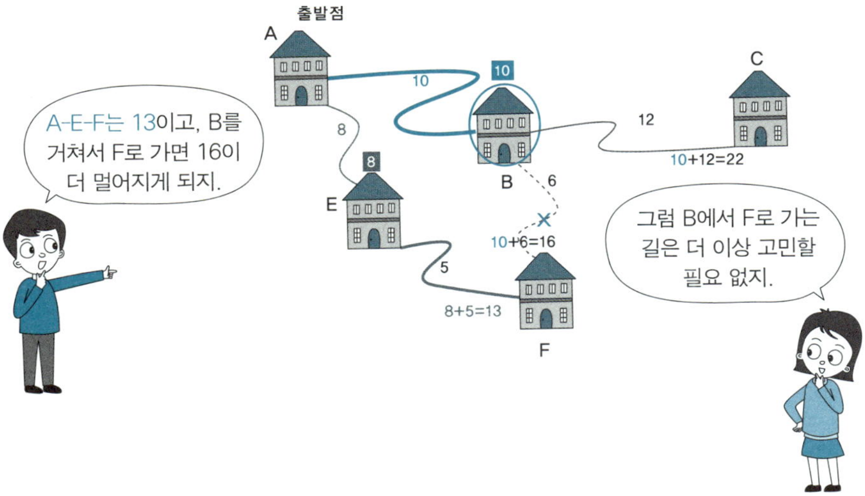

네 번째 점을 선택하기 위해 A, E, B를 함께 들어 올리면, 다음 그림과 같이 F가 E에 가장 짧게 매달린다. 그리고 나중에 경로를 추출하기 위해 E→F를 기억해둔다.

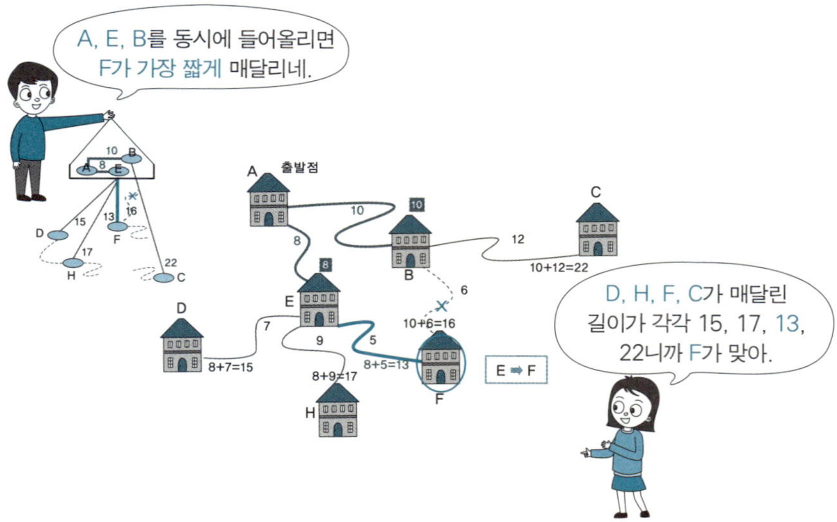

그리고 F에 인접하면서 경로가 확정되지 않은 점들에 대해 거리를 계산한다.

- H의 경우에는 A-E-H의 거리가 8 + 9 = 17이지만 A-E-F-H의 거리가 8 + 5 + 3 = 16으로 더 짧다. 따라서 A로부터 H까지의 거리를 16으로 기록해둔다.
- G는 F를 거쳐 13 + 4 = 17에 도달할 수 있다.

다섯 번째 점으로는 D가 선택되며, D에 인접한 점은 H지만 A-E-D-H의 거리가 26으로 A-E-F-H의 거리인 16보다 크다. 따라서 D에서 H로 가는 길은 무시한다. 그리고 D가 E에 매달려있으므로 E→D를 기억해둔다.

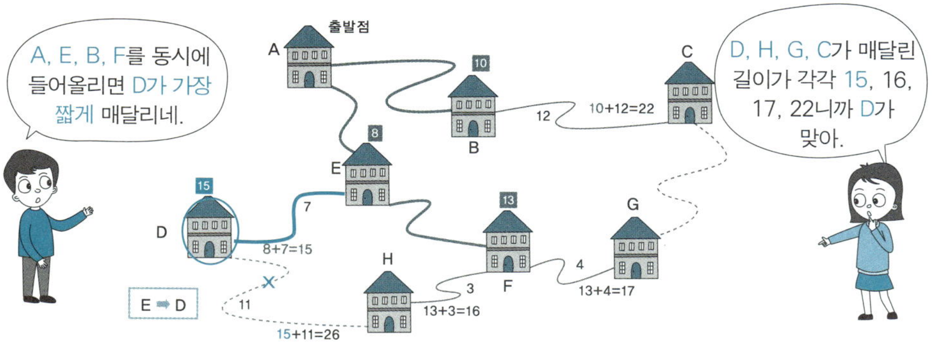

여섯 번째 점을 선택하기 위해 A, E, D, F, B를 함께 들어올리면 C, G, H가 매달리는데 그중에서 H가 F에 가장 짧게 매달리므로 H를 선택하고, F→H를 기억해둔다. 그런데 H에 인접하면서 경로가 확정되지 않은 점이 없으므로 거리 계산은 없다.

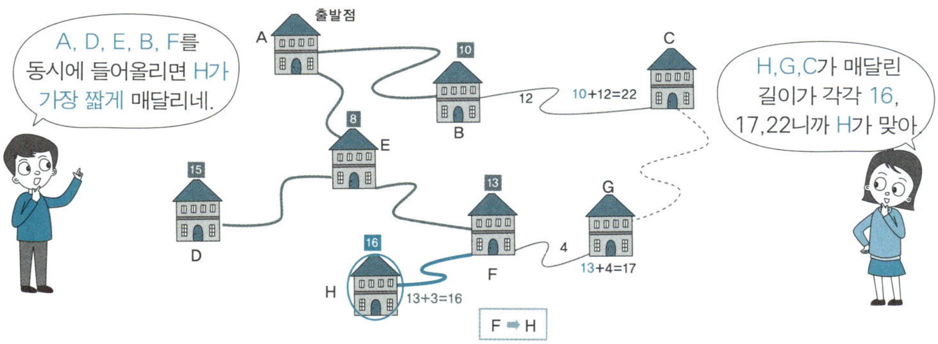

그 다음 점으로는 F에 매달린 G를 선택하고 F→G를 기억해두며, 마지막으로 B에 매달린 C를 선택하고 B→C를 기억해둔 후에 알고리즘을 종료한다. 최종적으로 계산된 각 점의 최단 거리와 경로는 다음과 같다.

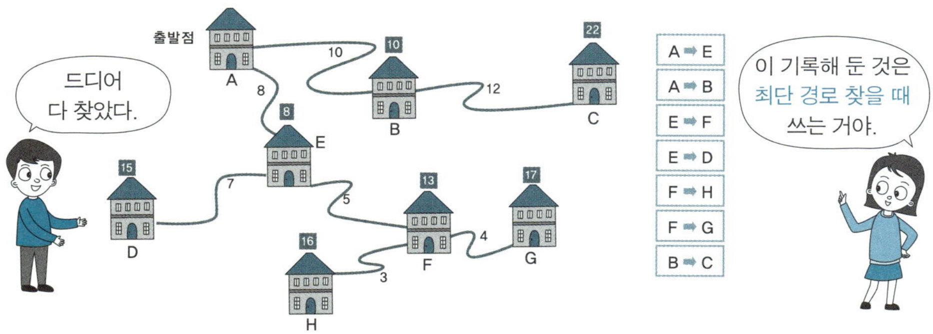

출발점 A로부터 각 점까지의 최단 경로는 점이 선택될 때마다 기억해둔 정보를 이용하여 추출한다.

예를 들어 A에서 G까지의 최단 경로는 F→G로부터 최단 경로 상의 G 직전에 F가 있다는 것을 알 수 있으며, E→F로부터 F 직전에 E가 있고, A→E로부터 E 직전에 A가 있는 것을 알 수 있다. 즉, G부터 역으로 추적하면 A→E→F→G가 최단 경로이다.

다익스트라의 알고리즘[11]을 요약해보면 모든 점들이 최단 경로(및 거리)가 확정된 점들과 아직 미확정된 점들로 나뉘고, 한 단계마다 최단 경로가 미확정된 점들 중에서 출발점으로부터 가장 가까운 점을 선택하는 것이 알고리즘의 핵심이다.

이 Part에서 살펴본 그리디 알고리즘들은 항상 가장 작은 값(문제에 따라 가장 큰 값)을 단계별로 선택하고 선택한 결과를 계속 모아서 문제의 해를 얻는 특성을 가지고 있다. 이러한 욕심을 부리는 선택은 알고리즘을 아주 쉽고 간단하게 만드는 반면에 욕심내어 풀기로 문제를 해결하지 못하는 경우도 만만치 않게 많다.

11) 최단 경로 알고리즘은 내비게이션 장치, 맵 퀘스트(Map Quest)나 구글 맵스(Google Maps)와 같은 웹 서비스에 사용되며, 네트워크 분야, 소셜 네트워크 분석, 산업 공학과 경영 공학, 로봇 공학, 교통 공학, VLSI 디자인 분야 등 수많은 분야에 응용되고 있다.

연습문제

문제1〉 부분 집합의 합을 찾는 문제에서 집합 {1, 2, 4, 8, 16, 32, 64, 128, 256, 512, 1024}의 어떤 원소들을 선택하여 합하면 789를 얻는지 알아보자.

〔답〕 주어진 집합이 초 증가 순서로 되어 있다. 따라서 그리디 알고리즘으로 다음과 같이 789를 위한 집합의 원소들을 찾는다.

789 − **512** = 277, 277 − **256** = 21, 21 − **16** = 5, 5 − **4** = 1, 1 − **1** = 0

{512, 256, 16, 4, 1}의 원소들을 합하면 789를 얻는다.

문제2〉 다음의 그래프에서 프림의 알고리즘으로 A로부터 최소 신장 트리를 찾을 때 트리에 추가되는 정점의 순서를 나열해 보자. 그리고 그 신장 트리를 그려보자.

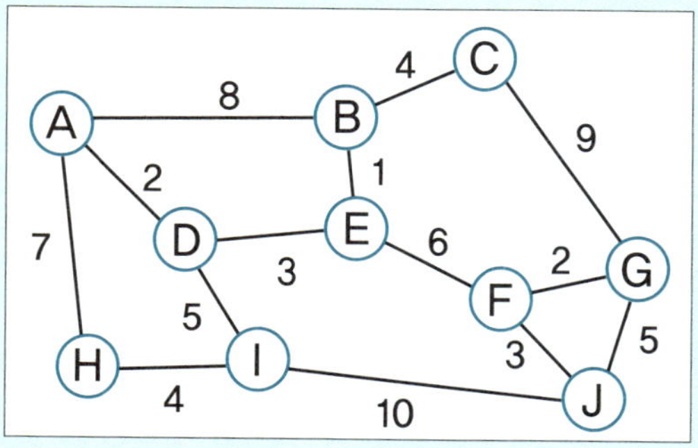

〔답〕 A → D → E → B → C → I → H → F → G → J

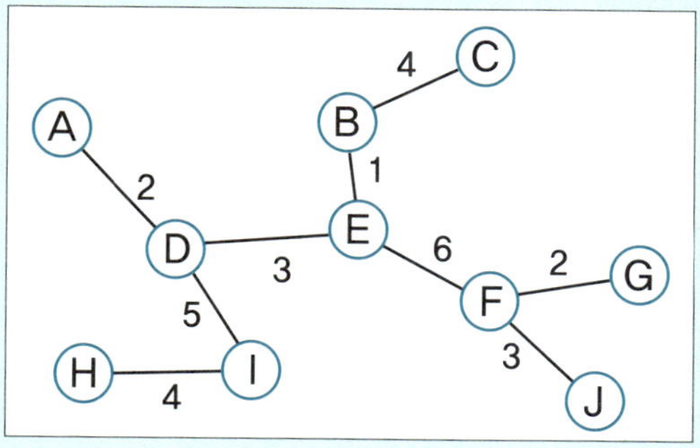

문제3〉 최대 신장 트리란 주어진 그래프에 있는 모든 점을 사이클 없이 연결하되 연결하는 모든 간선의 가중치 합이 최대인 트리이다. 가중치가 있는 그래프에서 최대 신장 트리를 찾는 방법에 대해 알아보자.

〔답〕 주어진 그래프의 각 간선의 가중치에 −1을 곱하고 프림 알고리즘으로 최소 신장 트리를 찾으면, 바로 그 신장 트리가 원래 주어진 그래프의 최대 신장 트리가 된다.

문제4〉 주어진 그래프를 G라고 하고 G의 각 간선의 가중치에 1을 더한 그래프를 G'라고 하자. G에 있는 어떤 두 점 사이의 최단 경로가 G'에서 바뀌는지 안 바뀌는지 알아보자.

〔답〕 바뀌는 경우가 발생한다. 아래 왼쪽 그래프에서는 A→D로 가는 최단 경로가 A→B→C→D이지만 1씩 가중치를 증가시킨 그래프인 오른쪽 그래프에서는 A→D로 직접 가는 경로가 최단 경로가 된다.

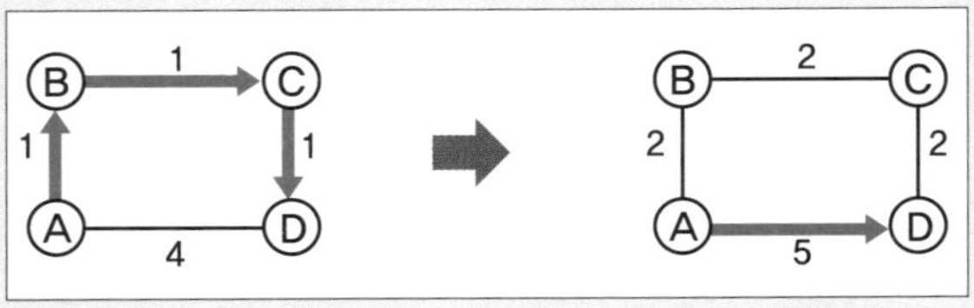

문제5〉 주어진 그래프의 최소 신장 트리와 한 점에서 모든 다른 점들까지 다익스트라 알고리즘으로 찾은 최단 경로들로 만들어진 트리가 항상 동일한지 알아보자.

〔답〕 다음과 같이 서로 다를 때도 있다.

최소 신장 트리

A로부터 각 점까지의 최단 경로들로 만들어진 트리

A

행복 방정식

2014년 6월 영국의 런던대학(University College London)의 연구진이 행복을 계산하는 방정식을 네이처 커뮤니케이션(Nature Communications)이라는 학술지에 소개하여 세상 사람들의 호기심을 자극하였다. 이 방정식은 우리에게 일어나는 일뿐만 아니라 주변 사람들에게 일어나는 일과의 관계에서 느끼는 행복을 식으로 표현한 것이다.

$$\mathbf{Happiness}(t) = w_0 + w_1 \sum_{j=1}^{t} \gamma^{t-j} \mathbf{CR}_j + w_2 \sum_{j=1}^{t} \gamma^{t-j} \mathbf{EV}_j + w_3 \sum_{j=1}^{t} \gamma^{t-j} \mathbf{RPE}_j + w_4 \sum_{j=1}^{t} \gamma^{t-j} \max(\mathbf{R}_j - \mathbf{O}_j, 0) + w_5 \sum_{j=1}^{t} \gamma^{t-j} \max(\mathbf{O}_j - \mathbf{R}_j, 0)$$

이 행복 방정식을 만들기 위해서 연구진들은 서로 처음 만난 47명의 실험 참가자들을 작은 그룹으로 나누어 여러 가지의 임무를 수행하게 하였다. 예를 들어 참가자들은 적은 돈을 어떻게 서로 나누어 가지는 것이 좋은지 익명으로 답해야 했고, 또 적은 돈으로 도박을 해서 누가 얼마를 따거나 잃은 액수를 서로 알게 하였다. 이러한 실험을 하는 동안 참가자들은 일정한 시간 간격으로 자신들이 얼마나 행복한지 답하였다.

이 연구의 결론은 불평등이 평균적으로 행복을 감소시킨다는 것이다.

그러나 우리가 일반적으로 생각하는 행복은 조금 더 우리에게 와 닿고 추상적인 다음과 같은 간단한 방정식으로 표현되어도 큰 무리가 없지 않을까 생각해본다.

$$\text{행복} = \frac{\text{소유}}{\text{욕심}}$$

위의 간단한 행복 방정식은 욕심이 커질수록 우리가 가진 것은 유한하니 더욱 행복감이 줄어들(불행해질) 것이나, 욕심을 작게 가지면 더 큰 행복을 누릴 수 있다는 것을 말해준다.

A

A* 알고리즘

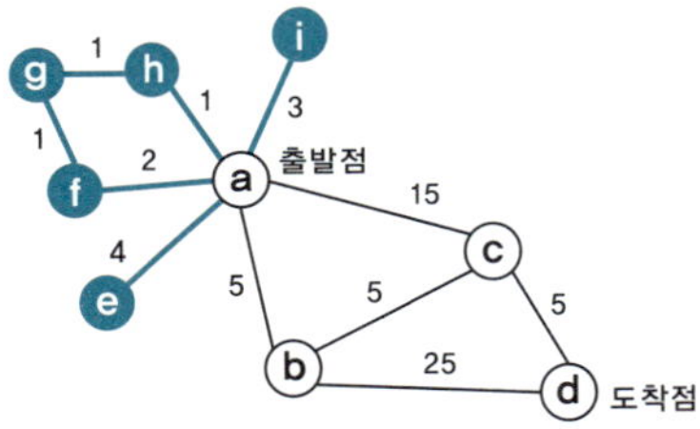

다익스트라 최단 경로 알고리즘은 출발점으로부터 거리가 가까운 순서로 점들의 최단 경로를 확정한다. 따라서 도착점이 있는 방향과 무관한 점들의 최단 경로를 먼저 찾는 헛수고를 하는 경우가 있다.

그림에서 출발점이 a이고 도착점이 d라면, 다익스트라 알고리즘은 도착점과 무관한 방향에 있는 점 e, f, g, h, i 모두의 최단 경로를 찾은 후에야 도착점 d가 있는 방향의 점들의 최단 경로를 찾는다. 즉, 도착점의 최단 경로만 필요하다면 쓸데없는 계산을 한 셈이다.

이러한 단점을 보완하는 대표적인 알고리즘이 바로 A*(Star) 알고리즘이다. A* 알고리즘은 출발점을 제외한 각각의 점에 대해 도착점까지의 예상 거리, 예를 들어 지도상의 좌표로 계산된 직선거리를 추가하여 고려한다. 즉, A* 알고리즘은 각 점마다 출발점으로부터의 거리뿐만 아니라 도착점까지의 (지도상의) 직선거리의 합을 고려하여 다익스트라 알고리즘을 수행한다.

따라서 도착점과 반대 방향에 있는 점(그림의 e, f, g, h, i)들이 출발점에 실제로 가깝지만 각 점에 대해 도착점까지의 직선거리를 더하면 출발점으로부터 더욱 멀어진 셈이므로, A* 알고리즘은 도착점 방향에 있는 점들의 최단 경로를 먼저 계산하고 도착점까지 최단 경로를 찾으면 알고리즘을 종료한다. 다익스트라 알고리즘은 출발점에서 모든 다른 점들까지 최단 경로들을 찾는 데는 적합하나, 지정된 도착점까지의 최단 경로만 찾는 경우에는 A* 알고리즘이 적합하다.
A* 알고리즘 외에도 도로망이 시간에 따라 그리 많이 변하지 않는 것을 감안하여, 신속히 최단 경로를 찾기 위해서 (출발점과 도착점이 주어지기 전에) 미리 도로망에 대해 선처리(Preprocessing)를 하는 실질적인 알고리즘들도 많이 있다.

Dynamic Programming

Part 5
작은 것들부터 풀어보자

문제를 작은 것부터 풀어본다는 것은 작은 문제들을 먼저 풀어서 그 해를 이용하여 문제를 해결하자는 것이다.[1)]

작은 문제란 원래 주어진 문제와 같은 문제이다. 다만 입력이 원래 문제에 주어진 것보다 작다. 즉, 작은 문제의 입력은 원래 문제의 입력의 일부분인 셈이다.

이 Part에서는 작은 문제들부터 차곡차곡 해결할 수 있는 가장 긴 순서 찾기, 가장 즐거운 경로, 동전 게임, 그리고 Part 4의 부분 배낭 문제와 달리 물건을 통째로 담는 배낭 문제[2)]를 차례로 살펴본다.

1) 이러한 방식의 알고리즘을 동적 계획(Dynamic Programming) 알고리즘이라고 일컫는다. 동적 계획 알고리즘은 그리디 알고리즘과 같이 최적화(최댓값 또는 최솟값을 찾는) 문제를 해결하는 알고리즘이다.

2) 물건을 배낭에 담으려면 통째로 담아야 하는 문제이다. 즉, 이 문제는 물건을 부분적으로 배낭에 담는 것을 허용하지 않는다.

5-1

가장 긴 순서

숫자가 일렬로 나열되었을 때 가장 긴 증가 순서를 찾아보자. 여기서 숫자의 순서는 반드시 숫자들이 서로 이웃해야만 하는 것은 아니다. 예를 들어 [5, 2, 8, 6, 4, 6, 1, 9, 3]에서 [5, 8, 9], [5, 6, 9], [2, 8, 9], [2, 6, 9] 등이 증가 순서이다. 그러나 주어진 숫자들에서 가장 긴 증가 순서는 [2, 4, 6, 9]이다.

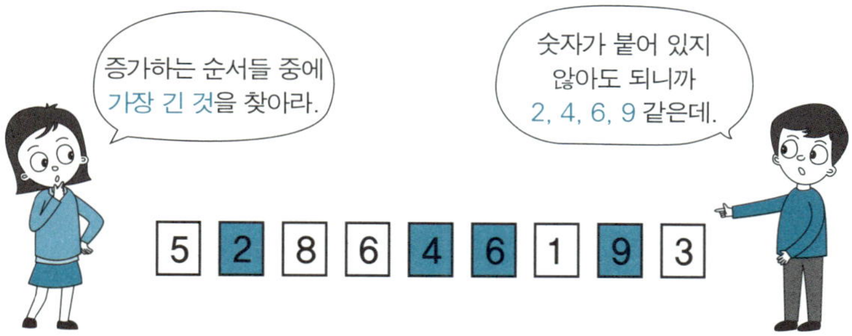

가장 단순한 방법은 가능한 모든 숫자의 조합으로 증가 순서를 만들어보고 그중에서 가장 긴 순서를 찾는 것이다. 그러나 이 방법은 숫자가 많아질수록 더욱 그 조합의 수가 너무 많아져서 답 찾기가 점점 더 어려워진다.

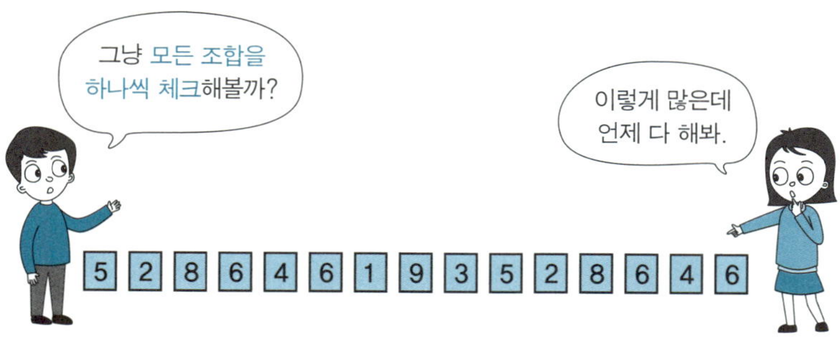

때로는 문제를 다른 형태의 문제로 바꾸어 생각하면 문제를 아주 쉽게 해결할 수 있다. 주어진 숫자들로 그래프를 만들어보자.

먼저 일렬로 주어진 숫자들을 왼쪽으로부터 차례로 각 숫자에 대응되는 점을 만든다.

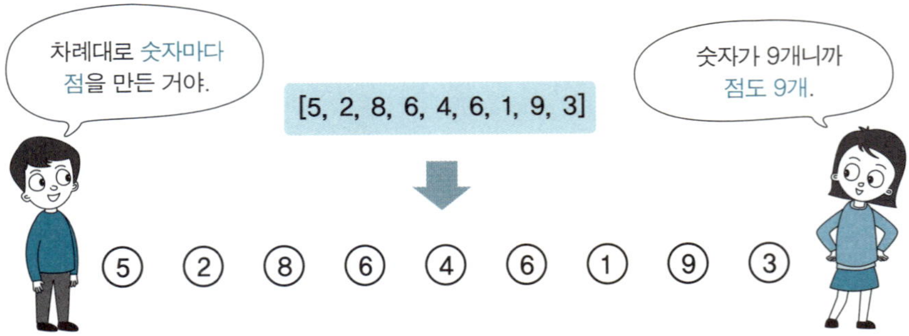

그리고 각 점에서 오른쪽에 위치한 점에 대해서 자신보다 큰 숫자를 가진 점을 간선으로 연결한다. 단, 각 간선은 반드시 왼쪽에서 오른쪽으로만 향한다.

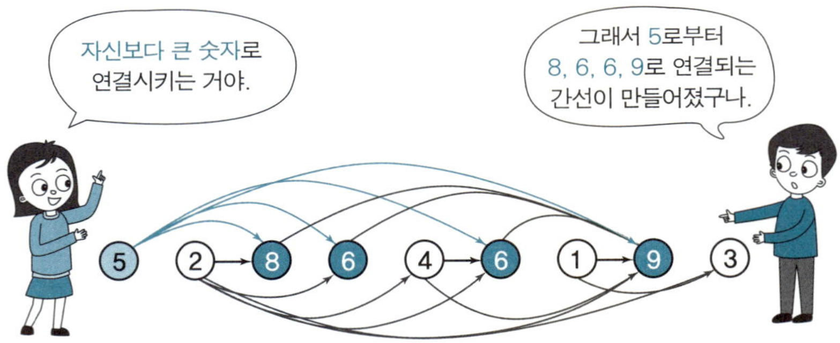

일렬로 주어진 숫자들로 만들어진 그래프를 살펴보면, 가장 긴 증가 순서는 그래프에서 가장 긴 경로에 있는 숫자들과 같다.

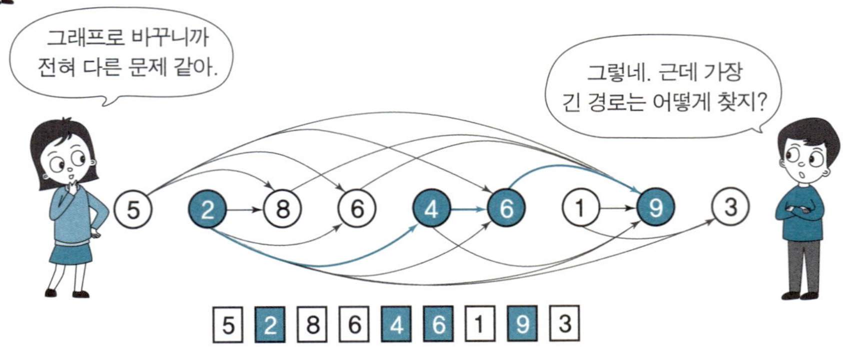

모든 간선의 방향이 좌에서 우로만 향하므로, 가장 긴 경로 찾기는 각 점으로 들어오는 간선의 왼쪽 끝점까지 계산된 경로의 길이만 알 수 있으면 쉽게 해결된다. 따라서 맨 왼쪽 점으로부터 하나씩 차례로 경로의 길이를 계산해 나아간다.

앞선 그림의 예제를 가지고 가장 긴 경로의 길이를 맨 왼쪽 점으로부터 차례대로 계산해보자. 먼저 맨 왼쪽의 점으로는 들어오는 간선이 없으므로 이 점까지 도달하는 경로의 길이는 1이다.[3)]

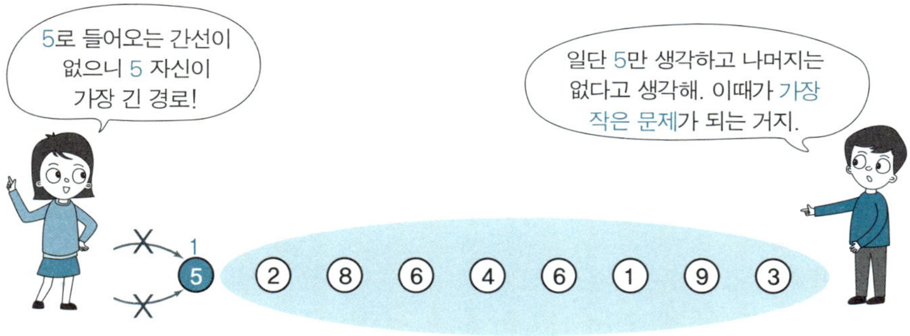

두 번째 점으로도 들어오는 간선이 없으므로 두 번째 점까지 도달하는 경로의 길이는 1이다.

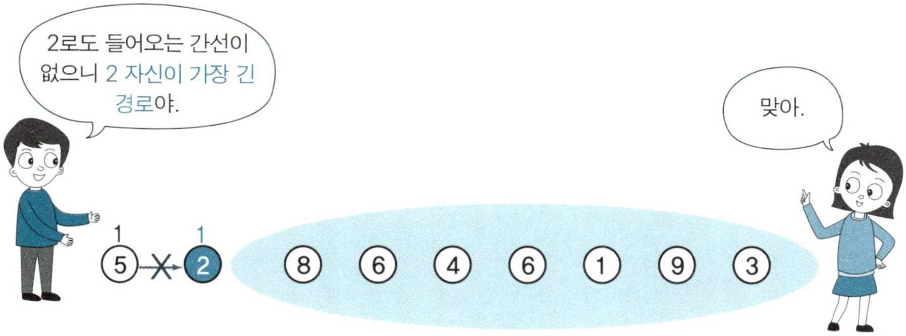

세 번째 점으로는 2개의 간선이 들어온다. 그 간선들의 왼쪽 끝에 있는 점의 경로의 길이는 각각 1이다. 따라서 세 번째 점까지 도달하는 경로의 길이는 1 + 1 = 2이다.[4)] 여기서 우리가 작은 문제의 해를 이용하여 보다 큰 문제를 해결한 것이다.

3) 점이 숫자를 가지고 있으므로 숫자 1개를 경로의 길이로 여기는 것이다.
4) 세 번째 점까지 경로의 길이가 2라는 것은 [5, 8] 또는 [2, 8]이기 때문인데, 둘 중에서 아무 것이나 하나를 선택해도 무방하다.

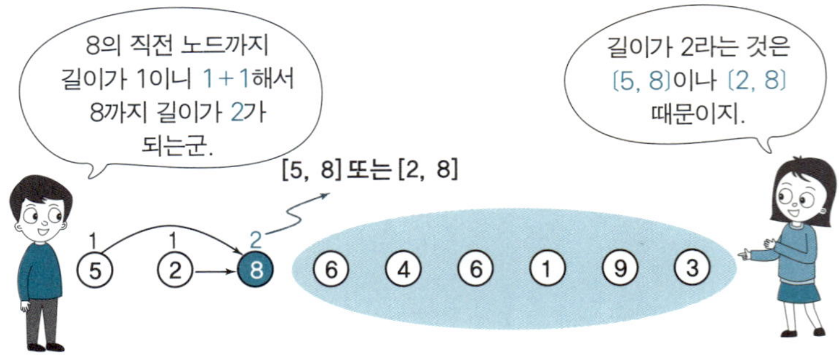

다음 2개의 점으로도 왼쪽으로부터 차례로 들어오는 간선을 보면, 그 간선 왼쪽 끝에 있는 점의 경로의 길이가 각각 1이다. 따라서 각 점까지 도달하는 경로의 길이는 1 + 1 = 2이다.

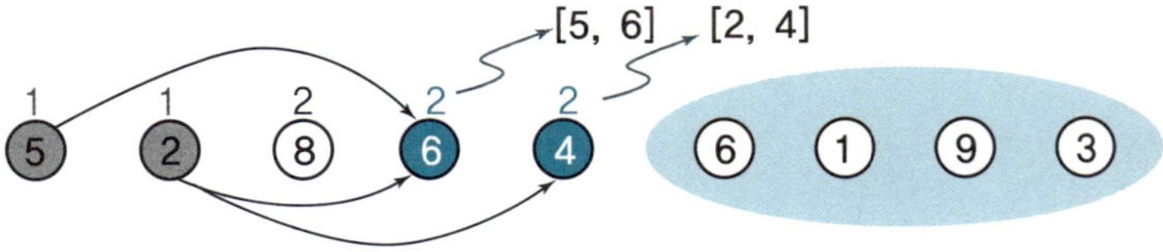

여섯 번째 점으로는 3개의 간선이 들어오는데, 간선들의 왼쪽 끝에 있는 점까지의 길이가 가장 긴 것이 2이다. 따라서 6까지의 경로 길이는 2 + 1 = 3이다. 이때 이 경로 상의 숫자를 모으면 [2, 4, 6]이 된다.

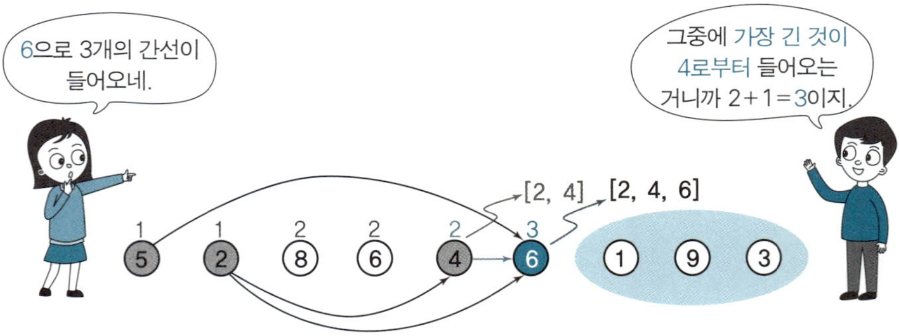

다음 점은 1을 가진 점이다. 이 점은 들어오는 간선이 없으므로 이 점의 경로 길이는 1이다.

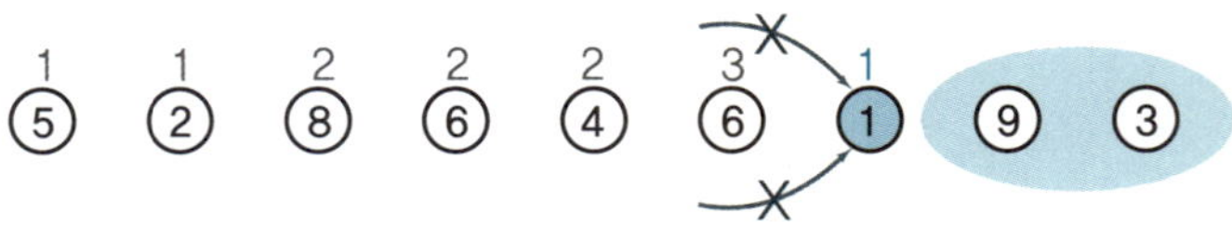

다음 점인 9의 경우, 7개의 간선이 들어오는데 이때 간선 왼쪽 끝에 있는 점 중에서 가장 긴 길이가 3이므로 9까지의 경로 길이는 3 + 1 = 4이다.

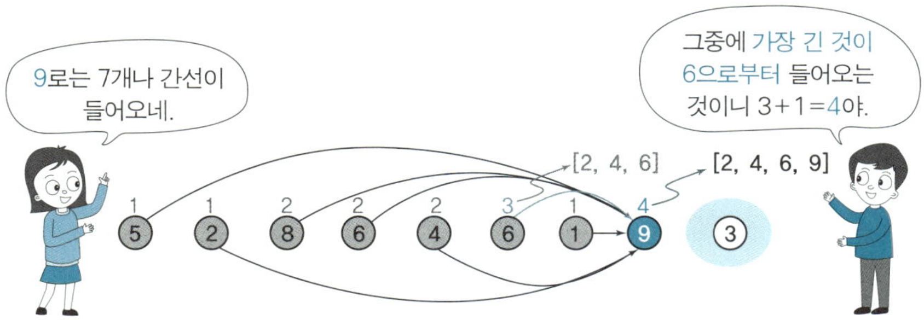

마지막 점으로는 2개의 간선이 들어오고, 왼쪽 끝점의 경로의 길이가 동일하게 1이므로 이 점의 경로 길이는 2이다.

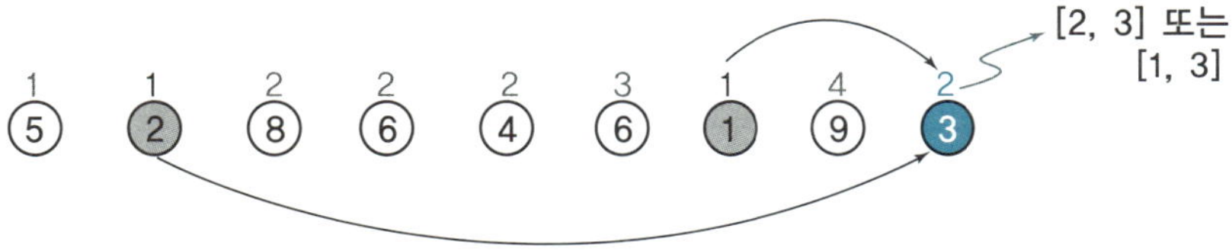

이제 모든 점에 대한 경로 길이를 찾았다. 그중에서 최댓값인 4가 가장 긴 증가 순서의 길이이다. 그러나 가장 긴 경로의 길이는 알아냈지만 어떤 숫자들이 그 경로에 있는지를 어떻게 알 수 있을까?

그 답은 각 점의 경로 길이가 결정될 당시에 어떤 점 때문에 그 점의 경로 길이가 정해졌는지를 기록해둔다.

기록된 점이 바로 경로 상의 직전 점이다. 따라서 가장 긴 경로의 길이를 가진 점으로부터 역방향으로 직전 점을 알 수 있고, 직전 점의 직전 점을 계속 찾으며, 더 이상의 직전 점이 없으면 경로 상의 점들에 있는 숫자들을 차례로 모은다. 이렇게 모든 숫자의 역순이 바로 가장 긴 증가 순서이다.

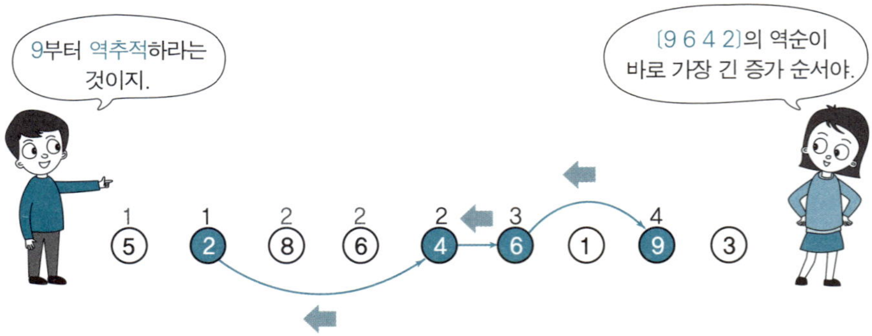

Part 7에서는 카드 게임을 통해 정렬하는 카드 정렬을 소개한다. 그런데 카드 정렬에 사용되는 카드 게임을 이용해 가장 긴 순서를 찾을 수도 있다.

5-2

가장 즐거운 경로

알콩이와 달콩이는 여행 일정에 따라 다음 관광할 도시에 도착하였다. 이 도시에는 박물관, 미술관, 유서 깊은 성당, 교회, 사찰, 맛집, 전통 문화를 체험할 수 있는 관광 명소가 곳곳에 있다. 알콩이와 달콩이는 내일 숙소(출발점)에서 다음 여행지로 떠날 기차역(도착점)까지 다음과 같은 방식으로 이 도시를 관광하려고 한다.

- 한번 지나간 길을 되돌아가지 않는다.
- 교차로에서는 오른쪽 또는 아래쪽으로만 여행한다.

이러한 방식으로 출발점에서 도착점까지 여행하면서 알콩이와 달콩이는 가장 많은 즐거움을 얻으려고 한다. 그래서 알콩이와 달콩이는 도로변의 관광지에 대한 정보를 토대로 즐거움의 기대치를 점수로 부여해서 방문할 관광지들의 점수의 합이 최대가 되는 경로를 미리 찾아놓으려고 한다.

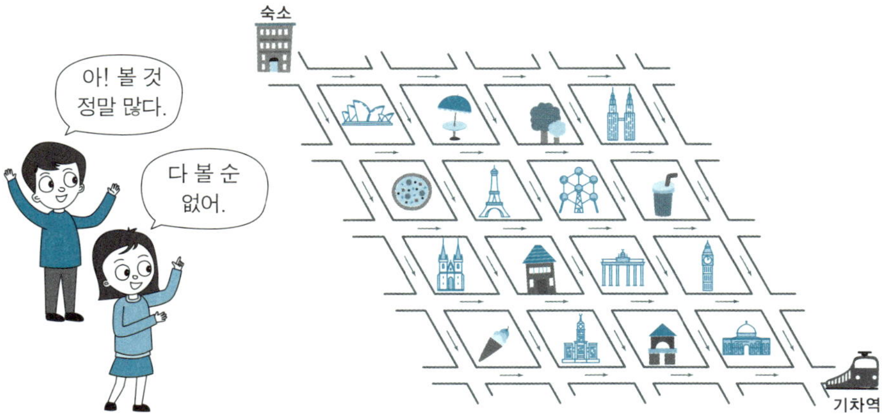

다음 그림은 알콩이와 달콩이가 관광 명소에 나름대로 기대치 점수를 부여한 것이다.

어떻게 하면 가장 즐거운 경로를 찾을 수 있을까? 단순히 가능한 모든 경로를 하나씩 조사해볼 수도 있다. 그러나 이는 시간이 너무 오래 걸리니 길이 많아질수록 감당하기 어려워진다.

그럼 욕심내어 길을 찾아보는 것은 어떨까? 알콩이와 달콩이가 각 교차점에서 더 큰 즐거움을 주는 길을 택한다면, 출발점에서 오른쪽으로 가는 것보다 아래쪽으로 내려가기 시작하여 다음의 그림과 같이 경로를 택하고, 알콩이와 달콩이는 5 + 2 + 1 + 4 + 2 + 3 + 0 + 1 = 18점 밖에 얻지 못한다.

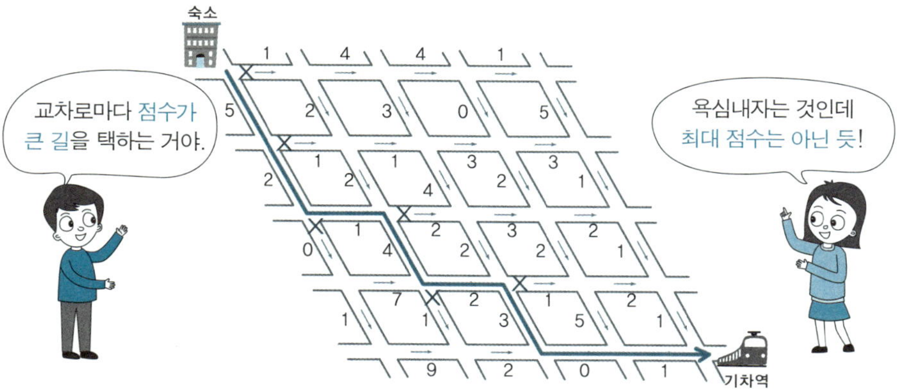

가장 효율적인 방법은 작은 것부터 해결해놓고 그 결과를 이용하여 보다 큰 문제를 해결하는 것이다. 계산 순서는 좌에서 우로, 위에서 아래로 한다.

그럼 가장 작은 문제는 무엇일까? 숙소에 있을 땐 아직 여행을 시작도 안했으므로 점수는 0이다. 즉, 숙소에 있는 상태가 바로 가장 작은 문제이다. 그 다음 크기의 문제는 숙소에서 가장 가까운 오른쪽과 아래쪽 교차로이다. 각 교차로에 도달하는 경우 0 + 1 = 1점과 0 + 5 = 5점을 얻는다.

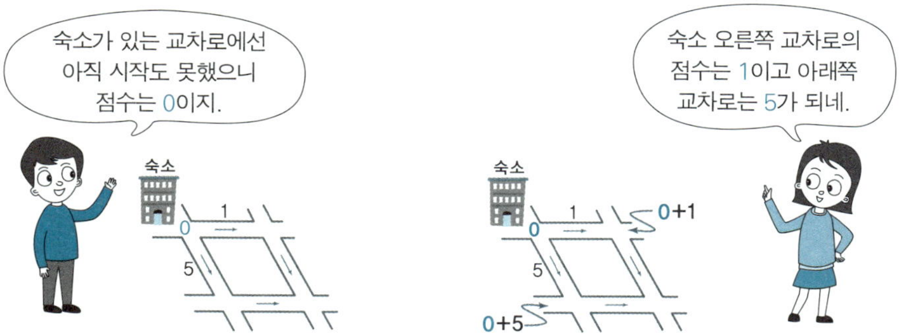

그 다음은 직전에 계산된 교차로에 인접한 교차로에 도달하는 경우의 점수를 계산한다. 그리고 숙소로부터 대각선상에 있는 교차로에서는 위에서 내려오는 경우와 왼쪽에서 오는 경우를 비교하여 큰 점수를 주는 길을 택한다.

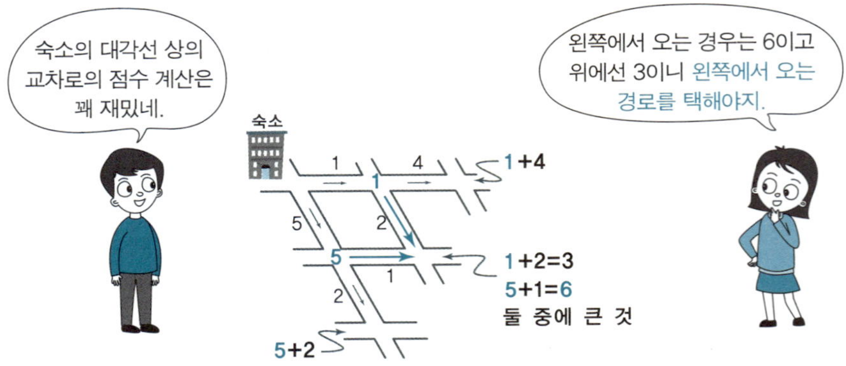

이와 같이 직전에 계산된 교차로의 점수를 이용해서 바로 인접한 교차로에 도달하는 점수를 계산하여 점진적으로 기차역에 도달할 때까지 각 교차로에 도달할 때 얻는 점수를 계산한다. 다음은 각 교차로에 도달할 때 얻은 점수를 위의 방식으로 차례대로 계산한 결과이고, 따라서 알콩이와 달콩이가 얻을 수 있는 최대 점수는 23점이다.

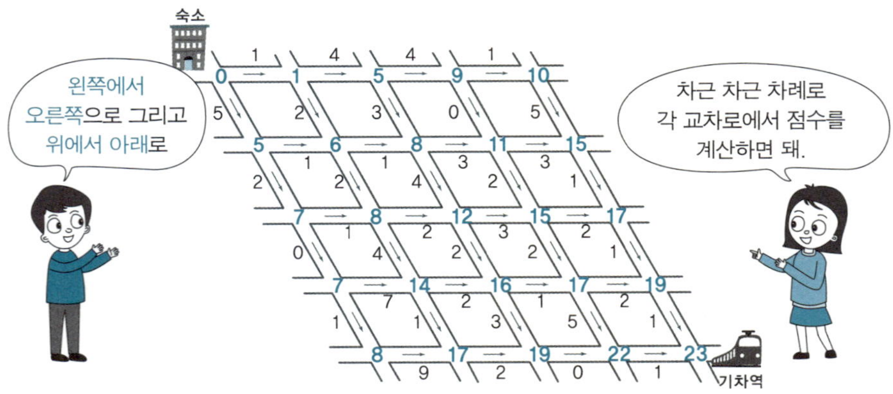

도착점까지 계산을 모두 마친 뒤에 가장 즐거운 경로 찾기는 도착점(기차역)으로부터 역추적하여 올라가면서 찾는다.

역추적할 때에는 현재 위치한 교차로에서 바로 위에 있는 교차로와 바로 왼쪽에 있는 교차로 두 곳을 살펴봐서 어느 쪽으로부터 경로가 정해졌는지를 찾아낸다. 예를 들어,

- 기차역의 점수가 23인 이유는 22+1 = 23이므로 왼쪽 교차로에서 온 것임을 알 수 있고,
- 22를 가진 교차로에서는 17+5 = 22이므로 바로 위의 교차로에서 내려온 것임을 알 수 있다.

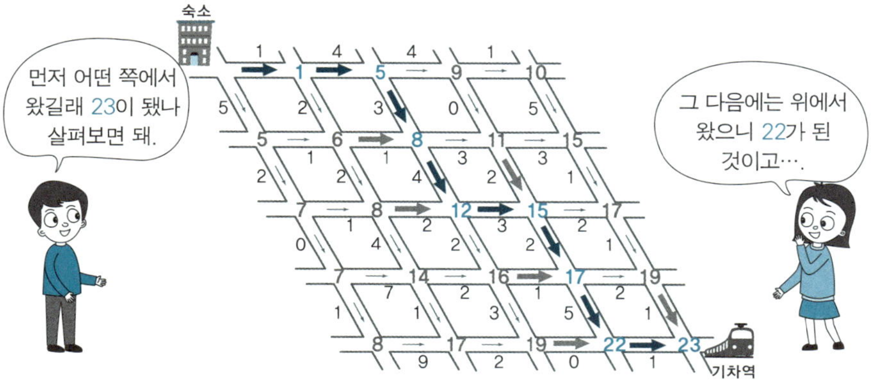

5-3

동전 게임

동전 게임은 일렬로 나열된 짝수 개의 동전을 두 사람이 양 끝에 있는 동전 중에서 교대로 1개씩 가져가서, 남은 동전이 없을 때 가져간 동전 금액의 합이 많은 쪽이 승리하는 게임이다. 이 게임은 먼저 시작한 사람이 잘만하면 절대 지지 않는 게임이다.[5)]

어떤 전략으로 게임을 해야 하는지 알아보기 위해 다음과 같이 4개의 동전이 있을 때를 먼저 생각해보자. 가장 단순한 전략은 누구의 순서가 되었든지 양쪽 끝 동전 중에 액면이 큰 것을 가져가는 것이다. 이러한 그리디 전략으로 알콩이가 먼저 게임을 시작해본다.

알콩이가 30과 10 중에서 30이 크니까 30을 가져간다.

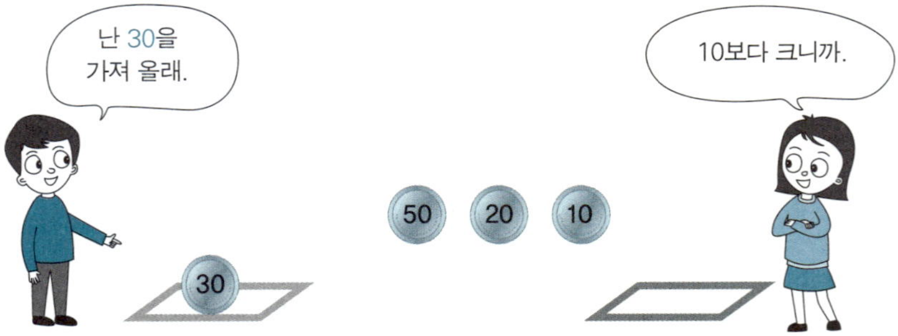

그리고 달콩이는 50과 10 중에서 50이 크므로 50을 가져간다. 이제 20과 10이 남는다.

5) 단, 비기는 경우의 동전들이 주어지는 것은 제외한다.

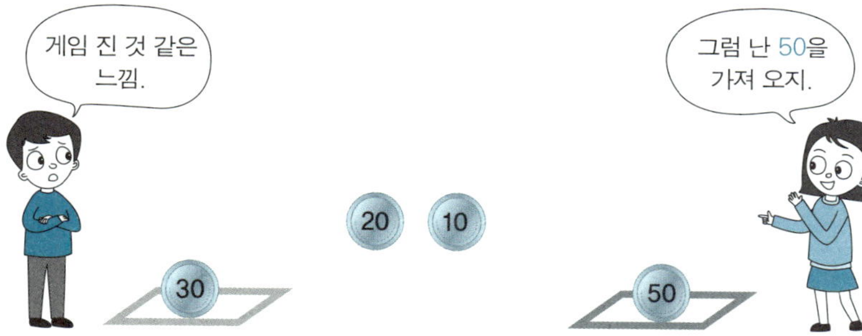

다음번은 알콩이가 20을 가져오고, 마지막에 달콩이가 10을 가져간다. 이제 합산을 해보면 알콩이의 총액은 30 + 20 = 50이고, 달콩이는 50 + 10 = 60이다. 알콩이가 먼저 시작했음에도 불구하고 게임을 패하였다.

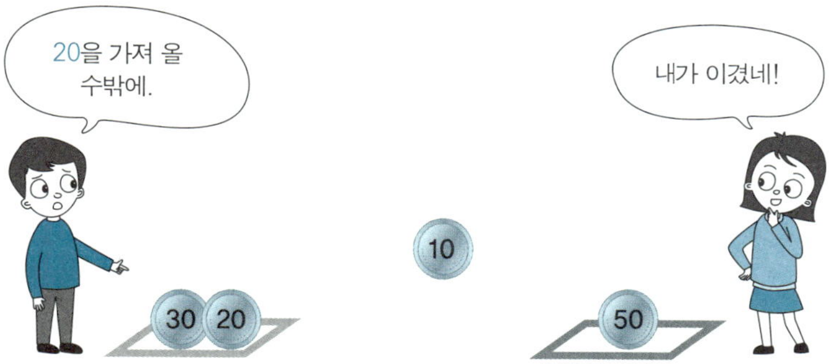

그럼 어떻게 하면 먼저 시작한 알콩이가 승리할 수 있을까? 이번엔 알콩이가 10을 먼저 가져갔을 때를 생각해보자.

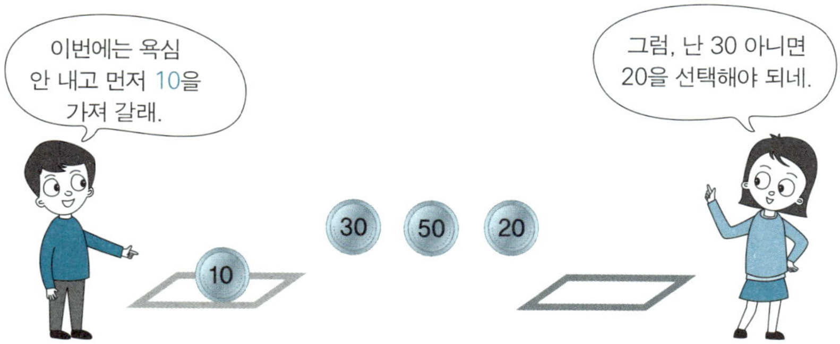

그러면 달콩이는 30을 가져가서[6], 50과 20이 남는다.

6) 달콩이가 20을 가져가도 마찬가지 결과를 얻는다.

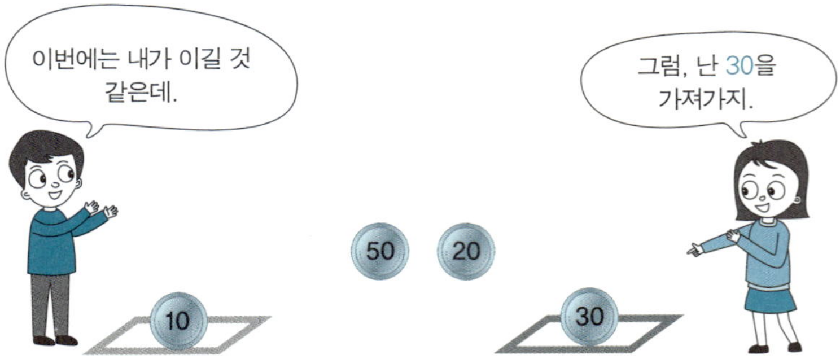

다음번은 알콩이가 50을 가져오고, 마지막에 달콩이가 20을 가져간다. 이제 합산을 해보면 알콩이가 가져간 액수가 10 + 50 = 60이고, 달콩이가 30 + 20 = 50이다. 드디어 먼저 시작한 알콩이가 승리하였다.

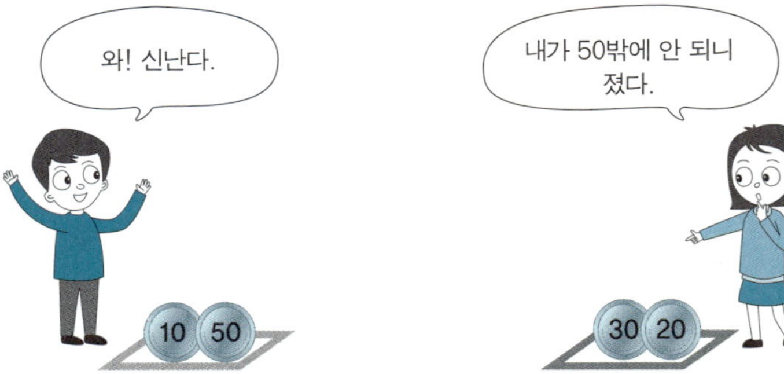

그렇다면 과연 언제 욕심내야 하고 또 언제는 잠시 손해를 보는 것 같더라도 작은 액면의 동전을 가져와야 할까? 앞선 예제에서는 동전의 수가 4개밖에 안 되니까 50을 가져오기 위해 30을 포기하고 10을 먼저 가져와야 하는 것을 알 수 있으나, 동전 수가 많으면 누구도 쉽게 어떤 순서로 동전을 가져가야 게임을 이길지 미리 알기 어렵다.

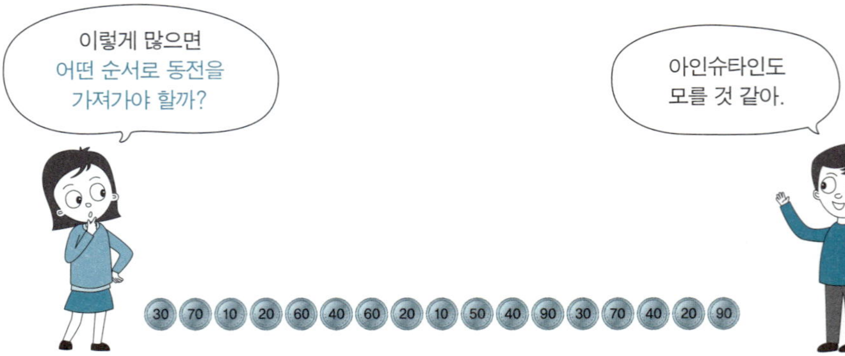

먼저 게임을 시작하는 알콩이가 어떤 순서로 동전을 가져가야 게임에 승리할 수 있는지 알아보자.

동전 수가 작은 모든 경우에 대해 어떤 동전을 가져가야 할지를 미리 계산해 놓고, 즉 작은 문제부터 해결해놓고 그 결과를 이용하여 보다 큰 문제를 해결하자.

동전이 2개 남은 경우가 가장 작은 문제이다. 그런데 게임을 하다가 어떤 동전 2개가 남을지 미리 알 수 없으므로 이웃하는 2개의 동전의 모든 경우에 대해 좌에서 우로 각각 문제를 해결한다. 다시 말해, 알콩이가 어떤 동전을 선택하면 유리할지를 결정한다.

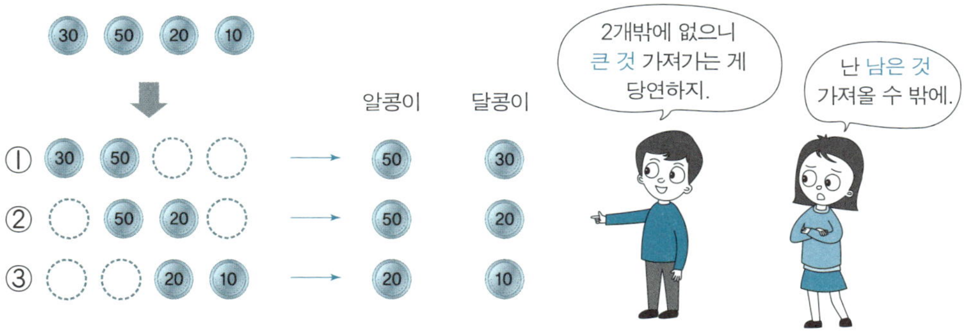

동전이 2개만 남아있으므로 각각의 경우에 대해 알콩이는 무조건 큰 것을 선택하는 것이 당연히 유리하다.

다음은 동전이 3개가 남는 경우이다. 이때는 달콩이의 차례인데, 여기서 달콩이도 똑똑해서 자신에게 가장 유리한 선택을 한다고 가정한다. 역시 어떤 3개의 동전이 남을지 미리 알 수 없으므로, 이웃하는 3개의 동전의 모든 경우에 대해 좌에서 우로 각각 문제를 해결한다.

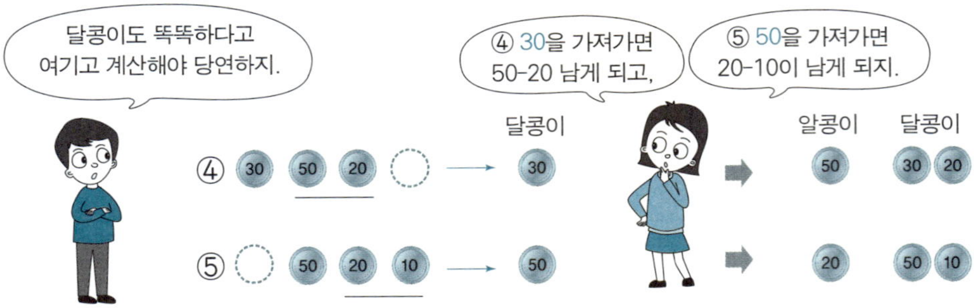

이때 ④의 경우 달콩이가 30을 가져가면 남은 2개의 동전이 50-20이고 따라서 미리 계산된 바(②)에 따라 알콩이가 50, 달콩이가 20을 가져간다. 그런데 ⑤의 경우 달콩이가 50을 가져가면 남은 2개의 동전이 20-10이고 역시 미리 계산된 바(③)에 따라 알콩이가 20, 달콩이가 10을 가져간다.

다음은 4개의 동전이 남는 경우이다. 이때는 게임을 시작하기 직전의 상태이다. 알콩이가 양 끝에 있는 30과 10 중에서 어느 것을 선택해야 게임을 승리하는지 알아보자.

- 먼저 알콩이가 30을 가져오면 50-20-10이 남는데, 이때는 앞서 미리 계산된 바(⑤)와 같이 달콩이가 50과 10을 가져가고, 알콩이는 10을 가져와서 총액은 30 + 20 = 50이고 달콩이는 50 + 10 = 60이 된다.
- 그러나 알콩이가 10을 가져오면 30-50-20이 남는다. 이때는 역시 미리 계산된 결과(④)를 보면 알콩이가 50을 가져간다. 따라서 알콩이의 총액은 10 + 50 = 60이고, 달콩이는 30 + 20 = 50이다.

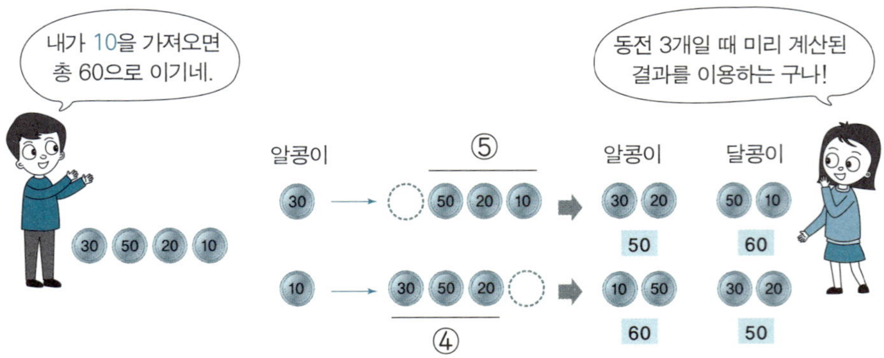

따라서 알콩이가 10을 가져오고 그 다음 50을 가져오면 먼저 시작한 알콩이가 게임을 승리한다. 이처럼 작은 문제들부터 빠짐없이 차곡차곡 해결하여 그 결과를 이용해 문제를 해결하면, 가져가야 할 동전 순서와 최대 액수를 동시에 알 수 있다.

다음은 6개의 동전이 주어졌을 때, 알콩이가 40 + 70 + 20 = 130을 얻고 달콩이가 30 + 60 + 10 = 100을 얻어서 알콩이가 게임을 승리한 것을 차례로 보여준다.[7)]

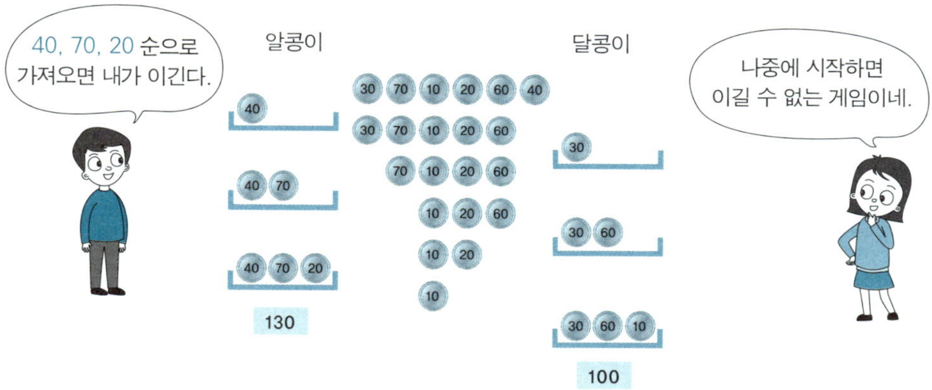

7) 동전이 6개밖에 안 되지만 그래도 계산량이 적지 않은 편이라 계산 과정을 생략하였다. 사실 컴퓨터는 이러한 계산을 쉽게 할 수 있지만, 사람이 이렇게 많은 양의 계산을 미리 수행하며 그 결과를 기억하면서 동전 게임을 하기는 쉽지 않아 보인다.

5-4

배낭

Part 4에서 다룬 배낭 문제에서는 물건을 부분적으로 배낭에 담을 수 있었다. 그러나 이 Part에서 소개하는 배낭 문제는 물건을 부분적으로 담을 수 없다. 즉, 물건을 통째로 배낭에 담아야 한다. 따라서 그리디 알고리즘으로 배낭에 물건을 담다 보면 다음과 같이 최대 가치를 얻을 수 없는 경우가 발생한다.

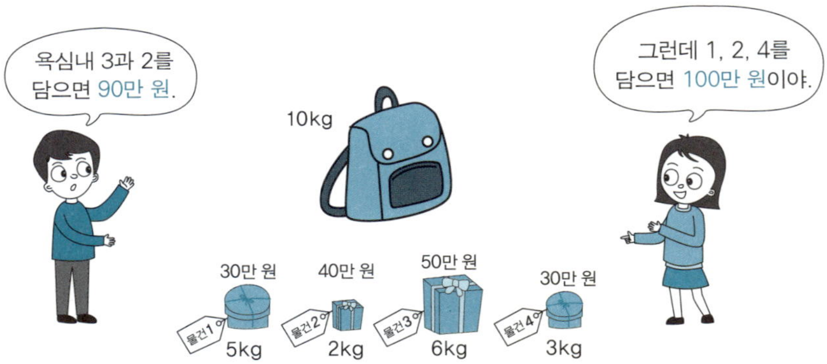

위의 그림을 보면 욕심내어 값이 비싼 물건 3을 먼저 담고, 그 다음에 비싼 물건 2를 배낭에 담고 나면 배낭이 2kg의 여유밖에 없어서 더 이상 다른 물건을 담을 수 없다. 이때의 가치는 50 + 40 = 90만 원이다. 그러나 물건 1, 2, 4를 배낭에 담으면 100만 원의 가치를 얻는다. 그럼 어떻게 물건을 배낭에 담아야 최대 가치를 얻을 수 있을까?

가장 단순한 방법은 모든 물건의 조합으로 배낭에 담아보는 것이다. 그리고 그중에서 최대 가치를 가지는 조합의 물건을 찾는 것이다. 그러나 이 방법은 물건 수가 많아질수록 그 조합의 수가 폭발적으로 많아져서 답을 찾기가 점점 더 어려워진다.

가장 좋은 방법은 작은 문제들부터 해결해놓고, 그 결과를 이용하여 보다 큰 문제를 해결하는 것이다.

그럼 무엇이 작은 문제들일까? 두 가지 측면에서 문제의 크기를 정한다. 하나는 배낭 용량이고 다른 하나는 물건의 개수이다.

1. 배낭의 용량의 경우에는 배낭의 최대 용량이 주어지기는 하지만, 배낭 용량을 1kg부터 1kg씩 늘려가며 배낭의 최대 용량까지 물건들을 담아본다.[8)]
2. 물건 수의 경우에는 처음엔 물건 1만 있다 여기고, 그 다음엔 물건 2를 추가해 고려해보고, 또 그 다음엔 물건 3을 추가해 고려해보고, …, 즉 차례로 물건을 하나씩 추가하여 고려하며 배낭에 담아 보는 것이다.

다음의 예제를 통해 작은 문제들부터 해결하여 점진적으로 큰 문제를 해결해 나아가는 과정을 살펴보자.

배낭용량 10(kg)		
물건	무게(kg)	가치(만 원)
1	5	10
2	4	40
3	6	30
4	3	50

8) 처음엔 배낭 용량이 1kg이라 가정하고, 다음엔 2kg이라고 가정하고, 그 다음엔 3kg이라 가정하고, … 마지막엔 주어진 최대 용량이라 가정하여 각각의 경우에 대해 물건들을 담아본다.

먼저 물건 1에 대해서만 배낭 용량을 1kg씩 늘려가면서 어떤 가치를 얻을 수 있는지 살펴보자. 배낭 용량이 1kg, 2kg, 3kg, 4kg일 때에는 각각 물건 1을 배낭에 담을 수 없다. 따라서 각각의 경우에 얻는 가치는 0이다.

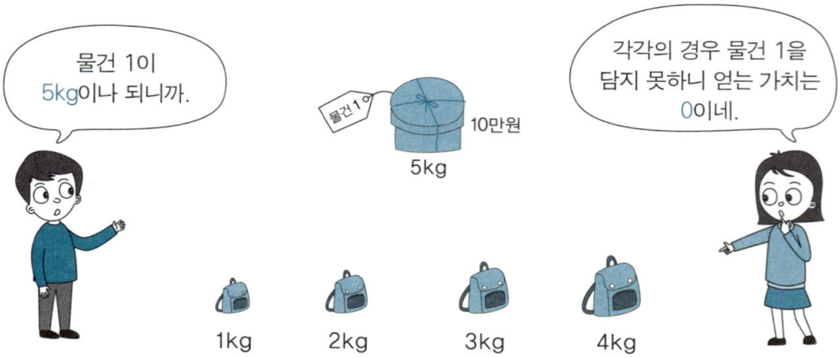

이제 배낭 용량을 1kg 늘리면 용량이 5kg이 되는데, 이때는 물건 1의 무게가 5kg이므로 물건 1을 배낭에 담을 수 있다. 그 다음 계속해서 배낭 용량이 10kg이 될 때까지 1kg씩 늘려서 각각의 경우를 살펴보면 일단 물건 1만 고려하는 것이므로 각각 10만 원의 가치를 얻는다.

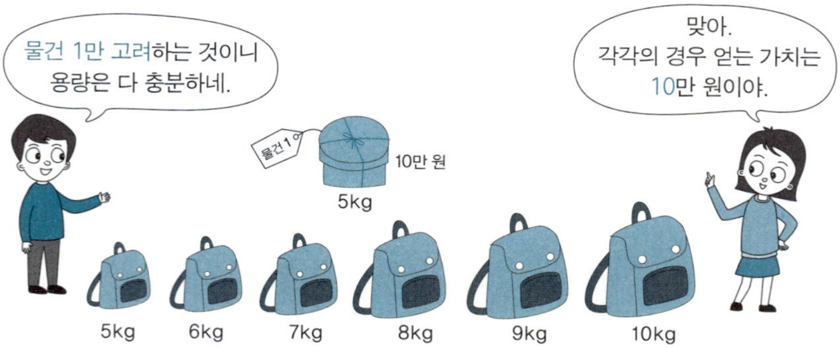

지금까지 해결한 작은 문제들의 결과, 즉 얻은 가치는 다음의 표와 같다.

배낭 용량

무게	가치	물건	1	2	3	4	5	6	7	8	9	10
5	10	1	0	0	0	0	10	10	10	10	10	10

자, 이제는 위의 결과를 이용하여 배낭의 용량이 1kg일 때부터 1kg씩 늘려가면서 물건 2를 배낭에 담는 것을 고려해 보자.[9)] 배낭 용량이 1kg, 2kg, 3kg일 때는 물건 2가 무거워서 배낭에 담을 수 없다. 참고로 이때 물건 1도 담을 수 없었다. 그러므로 각각의 경우 얻는 가치는 0원이다.

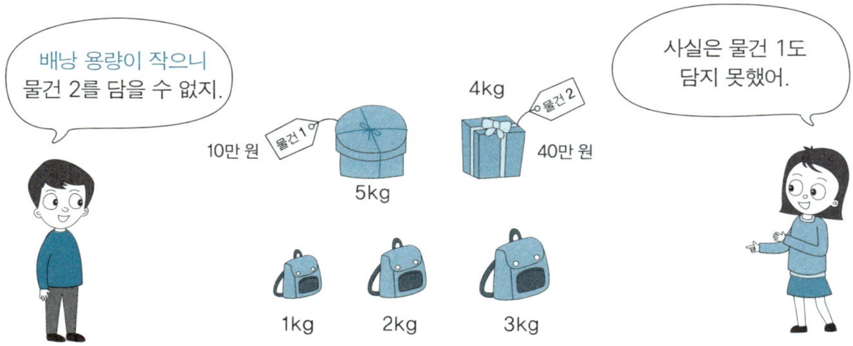

그런데 배낭 용량이 4kg이라면 물건 2를 담을 수 있다. 이때 물건 1은 배낭에 담을 수 없었다. 따라서 배낭 용량이 4kg일 때 얻는 가치는 물건 2의 가치인 40만 원이다.

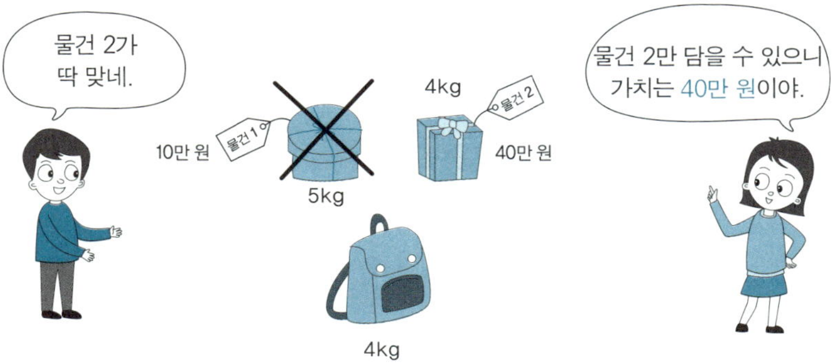

그 다음에 배낭 용량을 1kg 늘리면, 즉 배낭 용량이 5kg이 되면, 물건 1과 2 중에 어떤 것을 배낭에 담아야 할 지를 선택해야 한다. 즉, 다음 두 가지의 경우에 대해 더 큰 가치를 얻을 수 있는 것을 선택해야 한다.

[1] 물건 2를 무시한 채 물건 1을 배낭에 그대로 남겨두었을 때의 가치

9) 배낭에 담을 대상이 물건 1과 2 둘 다란 뜻이다.

[2] 4kg인 물건 2를 담기 위해 현재의 배낭 용량인 5kg을 4kg만큼 줄여서, 즉 배낭 용량이 1kg일 때의 가치에 물건 2의 가치를 더한 가치

그런데 [1]은 10이고, [2]는 0 + 40 = 40이다. 따라서 물건 1을 배낭에서 꺼내고 물건 2를 배낭에 담아야 더 큰 가치를 얻는다.

4kg

배낭 용량

무게	가치	물건	1	2	3	4	5	6	7	8	9	10
5	10	1	0	0	0	0	10	10	10	10	10	10
4	40	2	0	0	0	40	?					

0+40=40

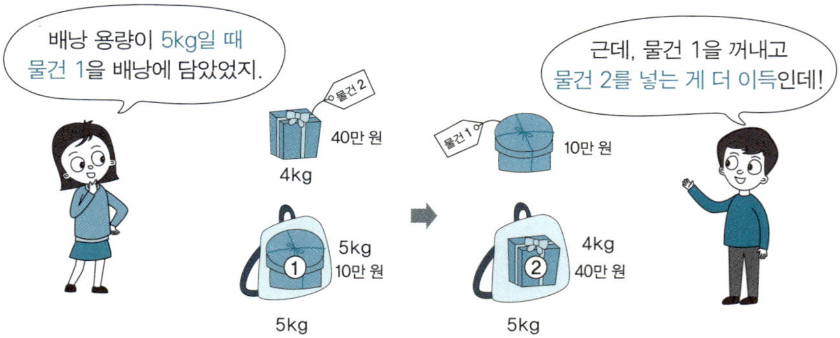

그 다음 배낭 용량을 1kg씩 늘려가며 용량이 8kg이 될 때까지는 물건 1을 꺼내고 물건 2를 담는 것이 배낭 용량이 5kg일 때와 마찬가지로 더 큰 가치를 얻는다.

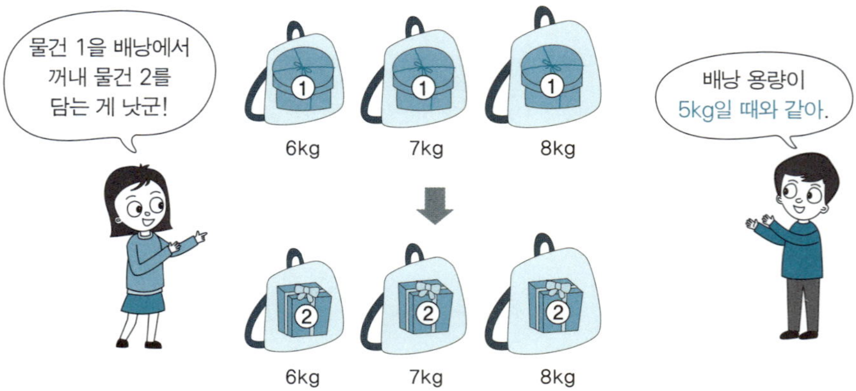

그런데 배낭의 용량이 9kg일 때는 물건 1과 2 모두 배낭에 담을 수 있다. 따라서 이때의 가치는 10 + 40 = 50만 원이다. 배낭 용량이 10kg일 때도 마찬가지로 가치는 50만 원이다.

4kg 배낭 용량

무게	가치	물건	1	2	3	4	5	6	7	8	9	10
5	10	1	0	0	0	0	10	10	10	10	10	10
4	40	2	0	0	0	40	40	40	40	40	?	

10+40=50

지금까지 해결한(물건 1과 2를 고려한) 작은 문제들의 결과를 표로 나타내면 다음과 같다.

배낭 용량

무게	가치	물건	1	2	3	4	5	6	7	8	9	10
5	10	1	0	0	0	0	10	10	10	10	10	10
4	40	2	0	0	0	40	40	40	40	40	50	50

위와 같이 물건 3에 대해서 배낭의 용량을 늘려가며 가치를 계산하고, 마지막으로 물건 4에 대해서 가치를 계산하면 다음과 같은 표를 얻는다.

배낭 용량

무게	가치	물건	1	2	3	4	5	6	7	8	9	10
5	10	1	0	0	0	0	10	10	10	10	10	10
4	40	2	0	0	0	40	40	40	40	40	50	50
6	30	3	0	0	0	40	40	40	40	40	50	70
3	50	4	0	0	50	50	50	50	90	90	90	90

따라서 용량이 10kg인 배낭에 4개의 물건 중에서 물건 2와 4를 담을 때 최대 가치인 90만 원을 얻을 수 있다.

이렇게 작은 문제들의 해를 이용해서 보다 큰 문제들을 해결하여, 주어진 문제를 해결하는 방식을 동적 계획 알고리즘이라고 한다.

- Part 4에서 살펴본 그리디 알고리즘은 동적 계획 알고리즘과 유사하게 작은 문제들의 해를 이용하지만, 그리디 알고리즘은 선택한 해를 계속 축적하여 문제의 해를 얻는다.
- 그러나 동적 계획 알고리즘은 가능한 모든 경우의 작은 문제들을 빠짐없이 해결해놓고 그중에서 최적의 해를 축적하여 문제의 해를 얻는다는 점에서 그리디 알고리즘과는 다르다.

연습문제

문제1〉 다음과 같이 숫자들이 나열되어 있을 때 가장 긴 증가 순서의 길이가 각각 얼마인지 알아보자.

(a) 9 8 7 6 5 4 3 2 1

(b) 1 2 3 4 5 6 7 8 9

(c) 4 2 6 3 7 5 6 2 9

〔답〕 (a) 1. 입력이 역으로 정렬되어 있어서 어느 숫자에서 시작해도 오른쪽에 그 숫자보다 큰 숫자가 없다.

(b) 9. 입력이 정렬되어 있으므로 입력의 모든 숫자가 가장 긴 증가 순서다.

(c) 5. 입력에서 〔2, 3, 5, 6, 9〕의 숫자들을 좌에서 우로 선택하면 그 증가 순서의 길이가 5(다섯 개의 숫자)로 가장 긴 경우가 된다.

문제2〉 가장 즐거운 경로 문제에서 교차로에서는 오른쪽 또는 아래쪽으로만 여행한다. 만일 다음과 같이 길이 주어질 때 가장 즐거운 길을 찾기 위해 모든 가능한 경로를 다 조사하는 방법을 사용한다면 출발점에서 도착점까지의 총 경로의 수를 알아보자.

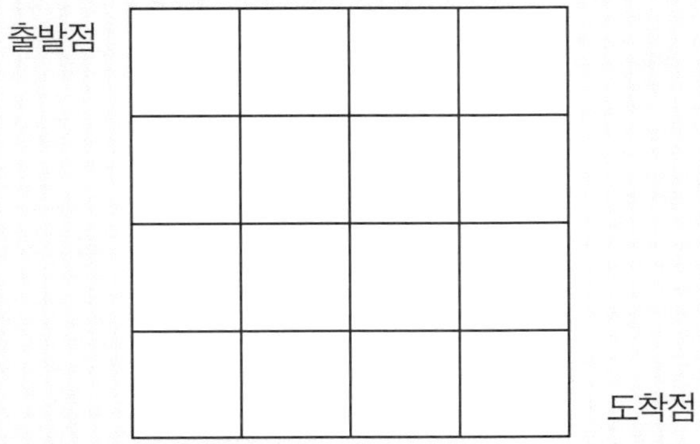

(답) 아래의 그림과 같이 각 점에 도달할 수 있는 경로 수를 출발점으로부터 위에서 아래로, 좌에서 우로 가장 즐거운 경로를 찾는 것처럼, 즉 동적 계획 방식으로 계산하면 총 70개의 경로가 있다.

```
출발점  1 — 1 — 1 — 1 — 1
        |   |   |   |   |
        1 — 2 — 3 — 4 — 5
        |   |   |   |   |
        1 — 3 — 6 — 10 — 15
        |   |   |   |    |
        1 — 4 — 10 — 20 — 35
        |   |   |    |    |
        1 — 5 — 15 — 35 — 70  도착점
```

문제3〉 동전 게임에서 먼저 시작한 사람이 아무리 잘해도 비길 수밖에 없는 경우를 알아보자.

(답) 모두 같은 동전들이 주어지는 경우, [30 30 10 10] 혹은 [50 30 30 10 10 50] 같은 경우

문제4〉 4개의 동전을 가지고 동전 게임을 작은 것부터 풀어보는 방법, 즉 동적 계획 알고리즘으로 해결하려 할 때 미리 계산해야 할 작은 문제의 개수를 알아보자. 그리고 6개의 동전일 때는 총 몇 개의 작은 문제들을 해결해야 할까? 원래 문제도 작은 문제 수에 포함하여 계산하자.

(답) 동전 수가 4개인 경우에 이웃하는 2개의 동전에 대해 3개의 문제가 있고, 이웃하는 3개의 동전에 대해 2개의 문제가 있고, 마지막으로 1개의 문제(원래 주어진 문제와 동일)가 있다. 따라서 3+2+1 = 6개가 답이다.
동전 수가 6개인 경우에 이웃하는 2개의 동전에 대해 5개의 문제가 있고, … 마지막으로 1개의 문제가 있다. 그러므로 총 5+4+3+2+1 = 15개이다.

문제5〉 배낭 문제를 가장 간단한 방법인 모든 물건의 조합으로 배낭에 담아보려 한다. 그리고 그중에서 최대 가치를 가지는 조합의 물건을 찾으려고 한다. 만일 물건이 10개 있다면 총 몇 가지의 조합으로 배낭에 담아보는 시도를 해야 하는지 알아보자.

〔답〕 총 $2^{10}-1$ = 1,023 가지의 조합이다. 이는 10개의 원소를 가진 집합의 모든 부분 집합의 수와 같다. 단, 공집합을 제외한 것이다.

문제6〉 다음의 표와 같이 4개의 물건과 각각의 무게와 가치가 주어질 때 동적 계획 알고리즘을 이용하여 배낭에 담을 수 있는 물건들의 최대의 가치를 계산해보자. 단 배낭의 최대 용량은 8이다.

물건	무게	가치
1	1	15
2	5	10
3	3	9
4	4	5

〔답〕 물건 1, 3, 4를 배낭에 담을 때 가치인 29가 최대 가치이다.

배낭 용량 / 물건	0	1	2	3	4	5	6	7	8
	0	0	0	0	0	0	0	0	0
1	0	15	15	15	15	15	15	15	15
2	0	15	15	15	15	15	25	25	25
3	0	15	15	15	24	24	25	25	25
4	0	15	15	15	24	24	25	25	29

A

동적 계획법Dynamic Programming 이야기

Dynamic Programming은 동적 계획법이라 번역되어 사용되나, 원래 컴퓨터 분야에서는 Dynamic이란 단어는 '동적(動的)인', 즉 'CPU가 프로그램을 수행하는 동안'이라는 의미로 사용된다. 반면에 '정적(靜的)'이란 프로그램이 수행되기 전에 '컴파일러가 프로그램을 처리하는 동안'이라는 의미로 쓰인다.

Dynamic Programming이라는 단어는 1950년에 리차드 벨만(Richard Bellman)이 처음 사용하였다. 벨만은 자신의 자서전에서 당시 미국 국방부 장관인 윌슨(Wilson)이 '연구(Research)'란 단어를 매우 증오하였고, 연구라는 말만 들어도 얼굴이 붉게 변하고 매우 폭력적으로 변했으며, '수학'이란 단어도 매우 싫어하였다고 한다.

벨만은 윌슨에게 연구 계획서를 제출해야 했었는데 자신의 연구 주제인 단계적인 결정 과정(Multistage Decision Processes)이 수학에 관한 연구라는 것을 드러내지 않으려고 Dynamic과 Programming이라는 두 단어를 사용하였다고 한다. 벨만은 자신의 연구가 시간이 흐름에 따라 여러 단계로 진행되는 과정에 대한 연구인데 물리학적으로 Dynamic이 시간의 흐름을 잘 나타내주기 때문에 Dynamic을 선택하였고, 그리고 진행되는 과정에서 단계적인 결정을 내리기 위한 계획(Planning)의 의미로 Programming이란 단어와 합성하여 자신의 연구 제목에 Dynamic Programming을 포함하여 윌슨에게 제출하였다.

그런데 버클리 대학 교수인 러셀(Russell)과 구글의 노르빅(Norvig)이 1995년에 쓴 인공지능 책에서는 윌슨이 1953년에 국방장관이 되었다고 벨만의 이야기를 반박한다. 또한 그들은 윌슨이 카네기멜론 대학에서 전기공학을 전공했고, 제너럴 모터스에서 20여 년 일하고 사장까지 되었던 사람인데 어떻게 그가 '연구'와 '수학'이라는 단어를 그렇게 싫어할 수 있을까 라는 의문을 던졌다.

또 하나의 이야기는 브라운 대학의 쿠슈너(Kushner) 교수가 Dynamic Programming이란 이름에 대해 벨만에게 직접 물어봤을 때 벨만은 당시 유명했었던 선형 계획법(Linear Programming)에서 Programming을 가져와서 Dynamic을 앞에 붙인 것이라 말했다고 한다.

Backtracking

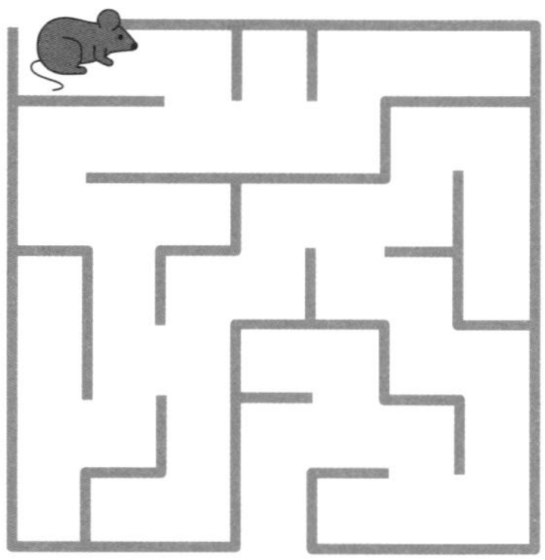

Part 6
되돌아가며 풀어보자

이전 내용까지 대부분의 알고리즘들은 계산을 통해서 문제를 해결하였다. 그러나 이 Part에서는 문제의 해를 탐색하는 방식의 알고리즘들을 소개한다. 문제를 되돌아가며 푼다는 것은 문제를 해결해 가는 과정에서 해를 더 이상 얻지 못하게 된 상황에 처하게 되면 바로 직전 상황으로 되돌아가서 다른 것을 시도해서 문제를 해결하는 것이다. 이러한 방식의 알고리즘을 백트래킹(Backtracking) 알고리즘이라고 일컫는다.

백트래킹 알고리즘은 최적화 문제와 결정 문제를 해결할 수 있다. 결정 문제는 문제에 대한 해의 존재 여부(해가 '있다' 또는 '없다')를 답하는 문제이다. 이 Part에서는 미로 찾기, 숫자 선택, 그래프 색칠하기, 서양 장기의 여왕 말 문제를 위한 백트래킹 알고리즘을 살펴본다.

6-1

미로

입구로부터 출구까지의 길을 찾는 미로 찾기는 백트래킹으로 해결할 수 있는 전형적인 문제이다.[1]

Hint

현 위치에서 한 방향을 선택하여 이동하고, 길이 막혀있으면 다시 되돌아 나와서, 다른 방향을 시도하며 출구를 찾아간다.

다음과 같은 미로가 주어질 때 입구에서 출발하여 ①로 들어가면

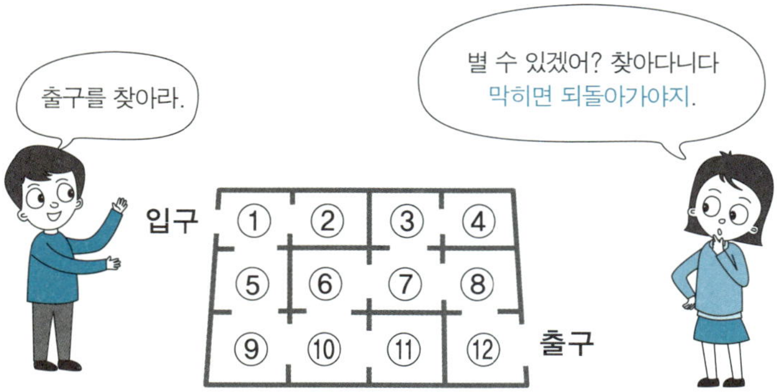

② 또는 ⑤로 갈 수 있다. 먼저 ②로 가면 ②에서는 우측이나 아래쪽이 막혀있어서 ③이나 ⑥으로 진행할 수 없다. 즉, 막다른 골목에 도달하여 되돌아갈 수밖에 없는 상황이다. 따라서 ②에 도착하기 직전 셀인 ①로 되돌아간다. ①에서는 아래 방향에 있는 ⑤로 내려간다. ⑤에서는 ⑨로 내려가고, ⑨에서는 ⑩으로 이동한다.

⑩에서는 ⑪로 움직여보지만 막다른 골목이라 ⑩으로 되돌아온다. 따라서 ⑩에서 ⑥으로 이동하고, ⑥에서 ⑦로 이동한 후에 ③으로 먼저 가보면 ④로 가서 막다

1) 입구가 아닌 지점에서 출구를 찾는 미로 문제도 있다.

른 곳을 만난다. 이때 ③으로 되돌아오고 다시 ⑦로 되돌아와서 ⑧로 이동하면 드디어 ⑫에서 출구를 찾는다.

다음 그림은 입구에서부터 출구를 찾는 전 과정을 보여준다.

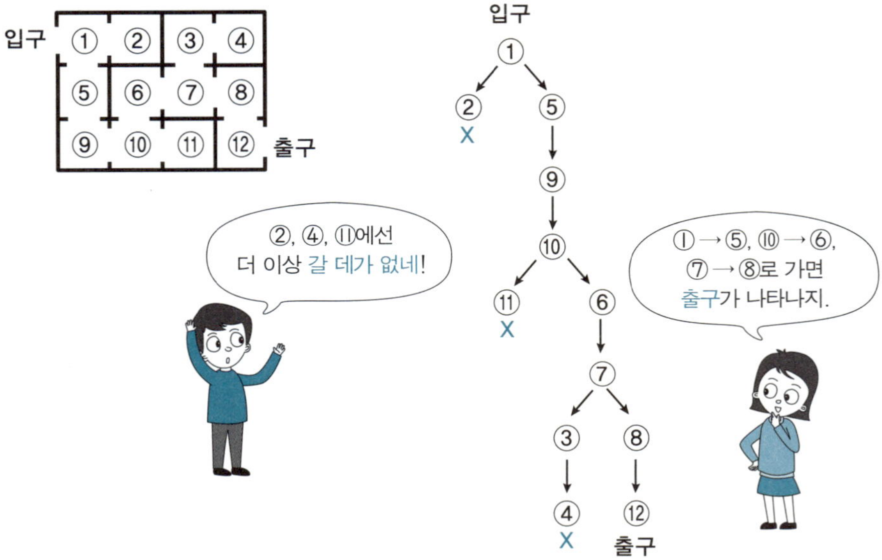

위의 트리를 상태 공간 트리(State Space Tree)라고 한다. 이 트리의 노드는 미로의 셀을 나타내고, 노드를 잇는 화살표는 이웃하는 셀로 이동한 것을 나타낸다.

상태 공간 트리에서 출구를 찾으면 트리의 경로를 역추적, 즉 아래에서 위로 올라가며 입구에 도달할 때까지 노드에 있는 숫자를 차례로 얻으면 이 숫자들의 역순이 바로 입구에서 출구까지의 경로가 된다.

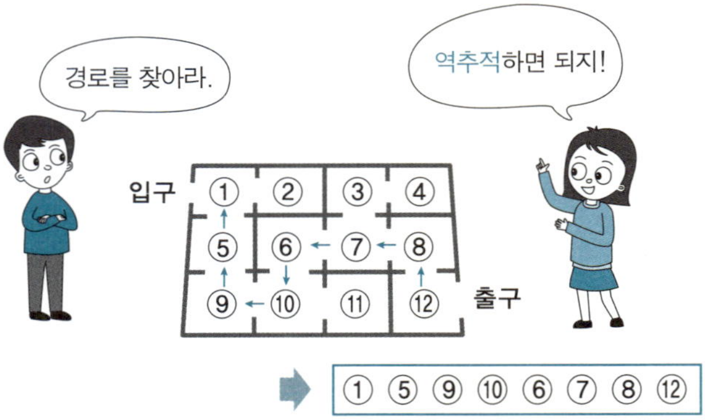

6-2

숫자 선택

주어진 숫자들 가운데서 합이 K가 되는 숫자들을 찾는 문제를 위한 그리디 알고리즘을 Part 4에서 살펴보았다. 이때는 주어진 숫자들이 초 증가 순서를 이루기 때문에 간단한 그리디 알고리즘으로 문제의 해를 찾을 수 있었다. 그러나 이 Part에서는 동일한 숫자 선택 문제지만 숫자들이 특정한 순서가 아닌 임의로 주어지는 경우를 위한 알고리즘을 살펴보려고 한다.

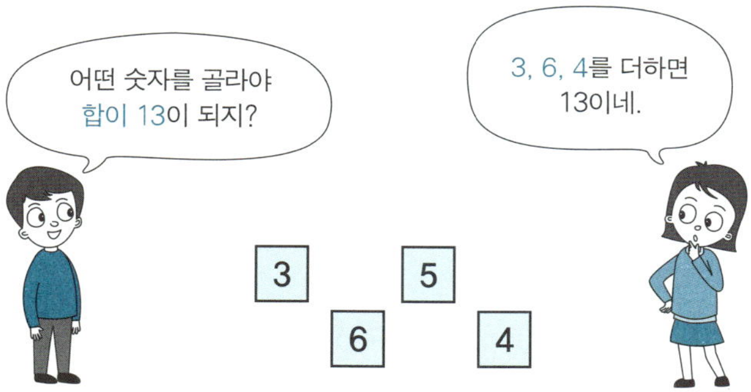

가장 간단한 해결 방법은 주어진 숫자들의 모든 경우를 하나씩 체크하여, 즉 숫자들의 합이 K가 되는지 확인하는 것이다. 예를 들어 주어진 숫자가 3, 4, 5, 6이고, K=13이면, 다음 그림과 같이 총 15개의 부분 집합을 하나씩 검사하여 합이 13이 되는 부분 집합을 찾자는 것이다. 이때 {3, 4, 6}의 숫자들의 합이 13이다.

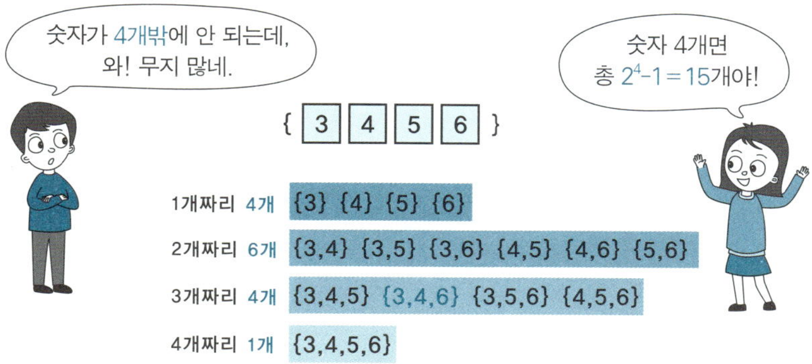

모든 경우를 조사하는 방법과 근본적으로 같은 방법이지만 약간 빠르고 보다 체계적으로 해를 찾는 방법은 상태 공간 트리를 이용한 백트래킹 방법이다.

백트래킹 방법을 사용하려면 먼저 주어진 숫자들을 증가 순으로 정렬해야 한다. 그리고 가장 작은 숫자부터 순서대로 숫자를 선택하는 경우(o)와 포기하는 경우(x)로 나누어 다음과 같이 트리를 만들어 가다 보면 해를 찾는다. 물론 해가 없는 경우도 발생하지만, 이때는 "해가 없다"가 답이 된다.

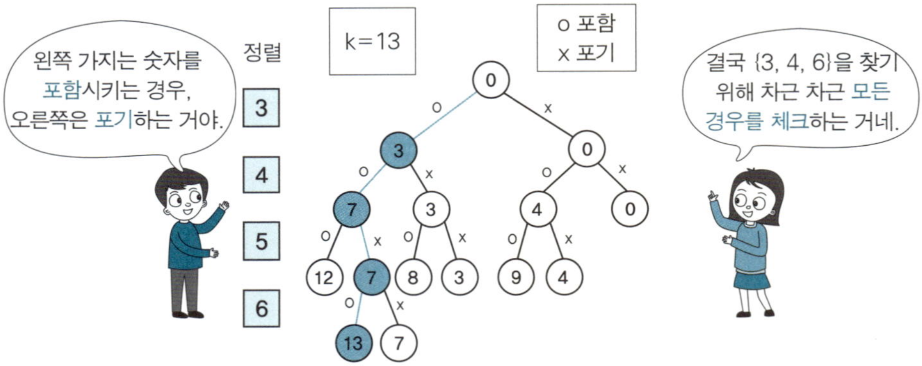

그림에서 노드 속의 숫자는 트리의 루트(트리의 맨 위에 있는 노드)로부터 그 노드까지 포함시킨 숫자들의 합을 나타낸다. 루트가 0을 가진 것은 아직 어떤 숫자도 포함시키지 않은 상태이기 때문이다. 또한 두 자식을 가진 각 노드에서 왼쪽 가지를 따라서 내려가는 것은 정렬된 숫자 중에 같은 층에 있는 숫자를 포함시키는 것을 의미하고, 오른쪽으로 내려가는 것은 그 숫자를 포함시키지 않는 것을 나타낸다.

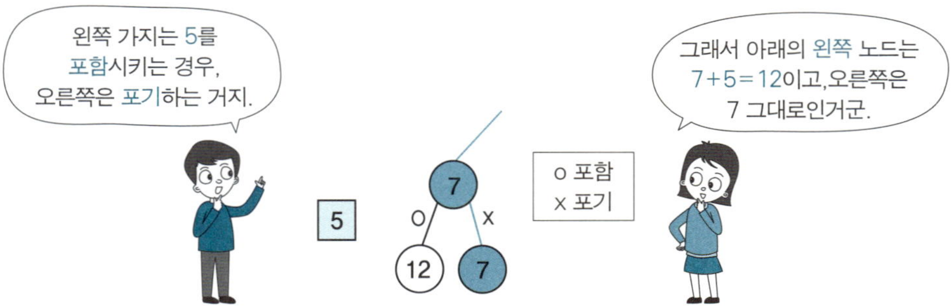

가장 왼쪽으로만 따라 내려가는 경우, 즉 3, 4, 5를 모두 포함시키는 경우에는 그 합이 3 + 4 + 5 = 12가 되고, 그 다음 숫자인 6을 포함시키면, 총합이 18이 되므로 13을 가지는 노드를 더 이상 찾을 수 없다. 이때 백트래킹하여 부모 노드에서 5를 포기하는 경우를 시도해본다. 이때 6을 포함시키면 합이 13이 되어 해를 찾는다. 그리고 그림에서는 계속해서 또 다른 해를 찾는 시도를 해보지만 다른 해는 없다.

집합에 주어지는 숫자가 많을수록 상태 공간 트리의 노드 수는 폭발적(기하급수적)으로 늘어나게 되고, 해가 트리의 오른쪽 아래에 있는 경우엔 백트래킹 알고리즘은 매우 오랜 시간이 걸리게 된다.

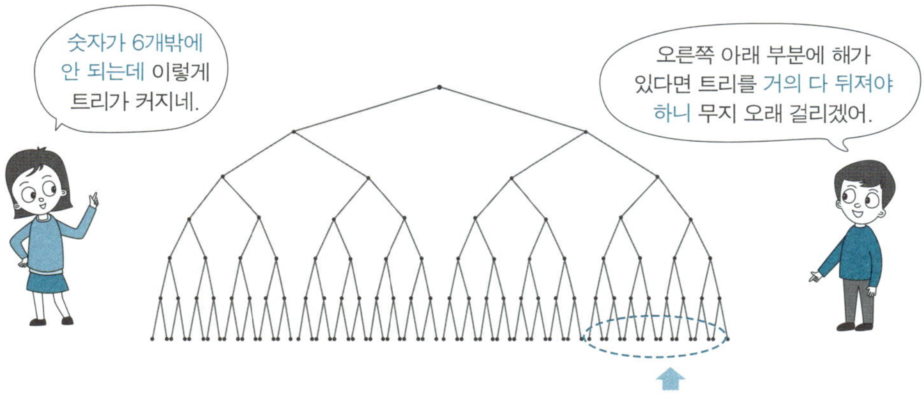

6-3

색칠하기

색칠하기 문제는 인접한 영역을 서로 다른 색으로 칠하는 지도 색칠하기와 그래프의 인접한 노드를 서로 다르게 색칠하는 그래프 색칠하기가 있다. 그러나 주어진 지도는 언제나 그래프로 변환할 수 있으므로 그래프 색칠하기를 위한 알고리즘을 살펴보자.

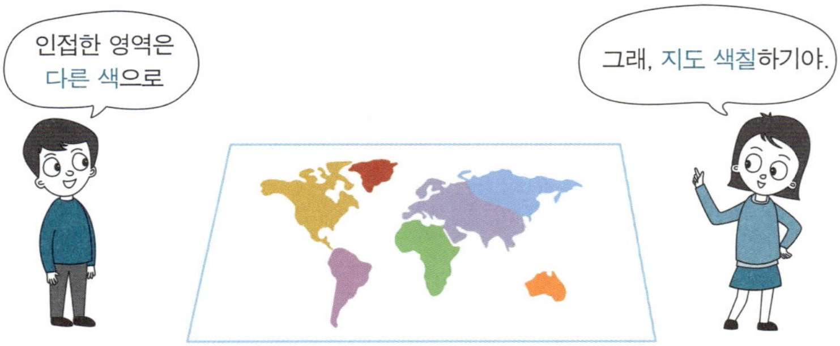

다음은 지도를 그래프로 바꾸는 방법이다. 지도에 N개의 영역이 있으면 그래프에 각 영역에 대응되는 N개의 점을 만든다. 그리고 지도에서 두 영역이 서로 인접해 있으면 그래프에서 두 영역에 대응되는 노드들을 간선으로 잇는다.

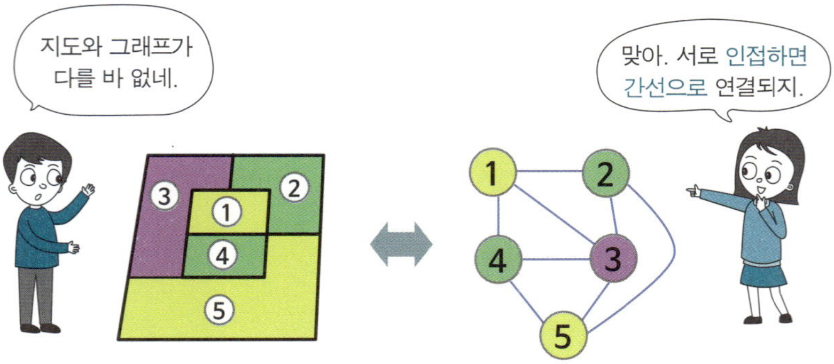

위의 그림에서는 지도에 5개의 영역이 있으므로 그래프에 5개의 점을 만들고 인접한 두 영역이 있으면 그래프의 대응되는 두 점을 간선으로 연결하여 그래프를

만든 것이다. 예를 들어 지도에서 영역 3은 모든 다른 영역과 인접하므로 그래프에서도 3이 1, 2, 4, 5와 연결된다. 영역 4는 영역 1, 3, 5와 인접하므로 그래프에서 점 4가 점 1, 3, 5와 연결된다.

그래프 색칠하기 문제를 해결하는 가장 대표적인 방법은 백트래킹 기법을 사용하는 것이다.

주어진 그래프에 충분한 색이 주어지면 ①부터 하나의 색을 선택하고, ②가 ①과 인접하면 다른 색을 선택하는 방식으로 각 노드에 대해 빠짐없이 차례로 색을 선택하다 보면 모든 노드를 조건에 맞게 색칠할 수 있다. 단, 충분한 색이 주어지지 않으면, 예를 들어 예제에서 2개의 색만 주어지면 그래프를 색칠할 수 없다.

다음은 앞의 예제에 대해 3가지 색으로 그래프의 노드 색을 성공적으로 결정하는 과정을 상태 공간 트리를 통해 보여준다. 'x'로 표시된 경우는 인접한 노드의 색과 동일하여 색칠하기를 실패한 경우이다. 이때는 부모 노드로 되돌아가서 다른 색을 선택한다.

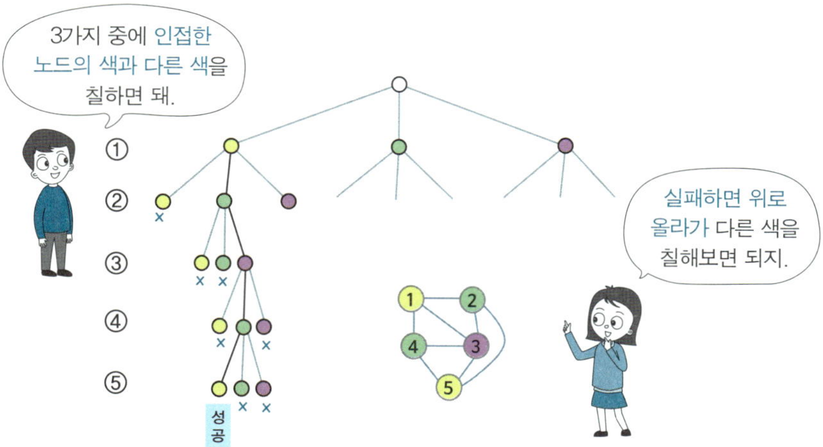

노드 수가 많고 필요한 색의 수가 많아질수록 상태 공간 트리의 노드 수는 폭발적(기하급수적)으로 늘어나게 된다. 그러나 그래프 색칠하기 문제를 해결하는 빠른(효율적인) 알고리즘이 있는지 없는지조차도 아직 아무도 모른다.

6-4

여왕 말

서양 장기(체스)에서 여왕 말은 가장 강력한 공격용 말로서 모든 방향(상하좌우 및 대각선상)으로 경기자가 원하는 칸만큼 전진 또는 후진할 수 있다.

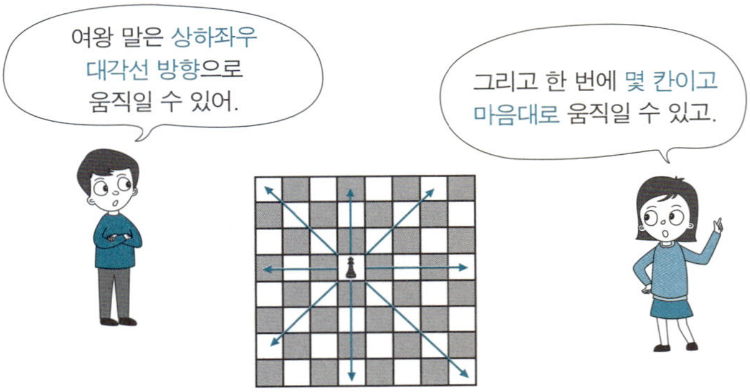

여왕 말 문제는 어느 두 개의 여왕 말 중 하나라도 같은 열, 같은 행, 같은 대각선상에 놓이지 않도록, 즉 여왕 말들이 서로를 위협하지 않도록 N×N 장기판에 N 개의 여왕 말을 배치하는 문제이다.

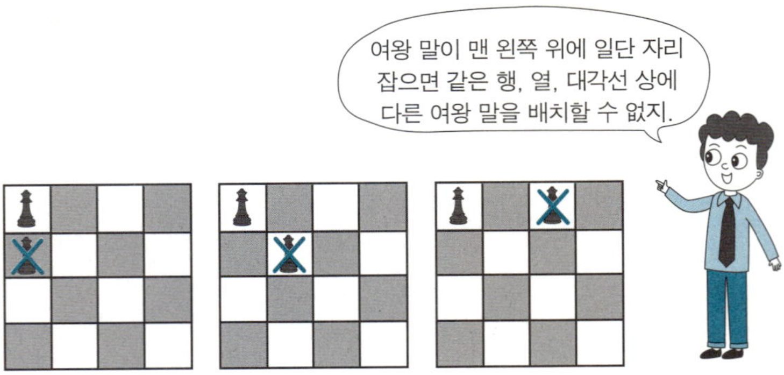

서양 장기판의 크기는 8×8이지만, 우리는 크기를 줄여 4×4로 4개의 여왕 말 놓기를 생각해보자. 먼저 4×4 장기판의 각 칸의 위치를 아래의 그림과 같이 나타내보자.

	1	2	3	4
1	1,1	1,2	1,3	1,4
2	2,1	2,2	2,3	2,4
3	3,1	3,2	3,3	3,4
4	4,1	4,2	4,3	4,4

다음 그림과 같이 이미 몇 개의 여왕 말들이 서로를 위협하지 않도록 자리 잡은 경우를 먼저 생각해보자. 그림에선 3개의 여왕 말을 성공적으로 배치한 후에 네 번째 여왕 말을 놓으려는데, 가능한 곳을 모두 검사해보아도 놓을 곳이 없다. 이러한 경우엔 어떻게 해야 할까?

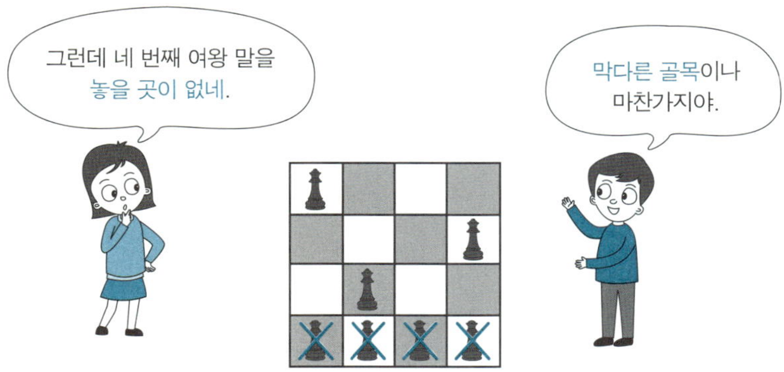

막히면 되돌아가자. 즉, 세 번째 여왕 말을 다른 곳으로 이동하여 시도해보는 것이다.

이처럼 여왕 말을 놓을 곳이 없으면 (백트래킹하여) 바로 위층의 여왕 말을 다음 칸에 배치해보는 것이다. 이제 4개의 여왕 말의 배치를 시작하기 위해 첫 번째 여왕 말을 (1, 1)에 놓고 두 번째 여왕 말을 다음 층에 놓아보자.

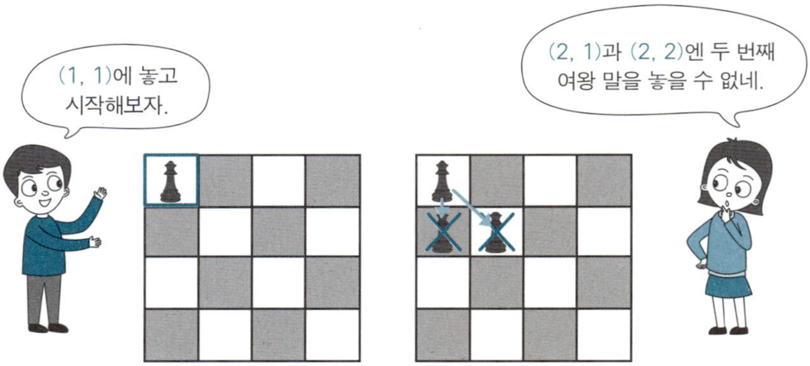

그런데 첫 번째 여왕 말 때문에 두 번째 여왕 말을 (2, 1)이나 (2, 2)에 놓을 수 없다. 그래서 두 번째 여왕 말을 (2, 3)에 놓아본다. 그런데 세 번째 여왕 말은 첫 번째, 두 번째 말 때문에 다음 층 어디에도 놓을 수 없다.

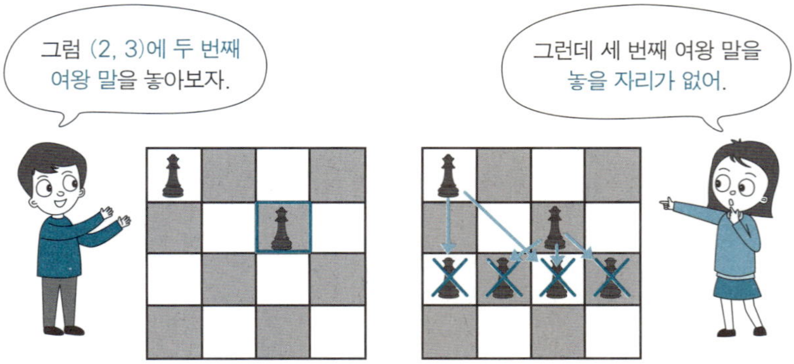

따라서 두 번째 여왕 말을 다음 칸인 (2, 4)에 놓아본다. 그러면 세 번째 여왕 말은 (1, 1)의 여왕 말 때문에 (3, 1)에 놓일 수 없으나 (3, 2)에는 가능하다.

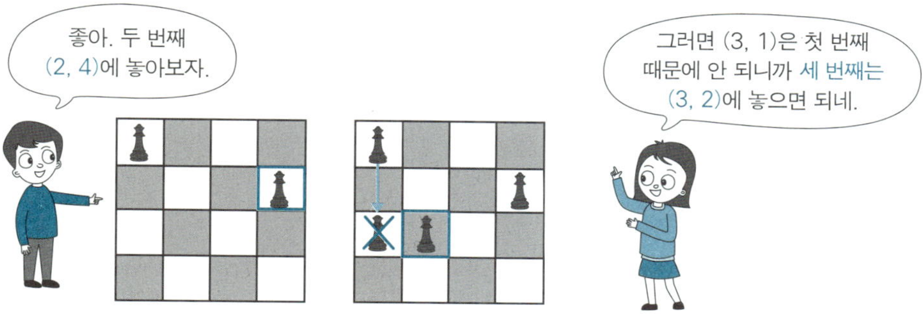

그러나 세 번째 여왕 말을 (3, 2)에 놓고 나면, 위에 있는 세 여왕 말들의 위협 때문에 마지막 여왕 말을 놓을 곳이 없다.

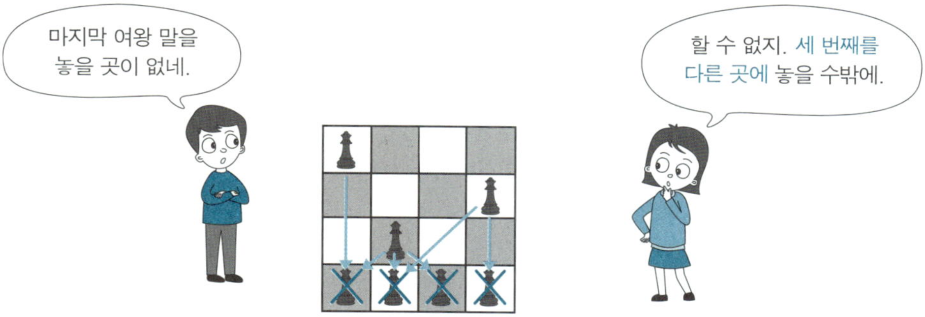

이제 세 번째 여왕 말을 (3, 3)과 (3, 4)에 각각 시도해보지만 역시 앞선 여왕들의 위협 때문에 세 번째 여왕 말이 갈 곳이 없다.

다시 백트래킹하여 이번에는 바로 위층의 두 번째 여왕 말을 움직여보지만 더 이상 갈 곳이 없다. 또 다시 백트래킹하여 이번엔 바로 위층의 첫 번째 여왕 말을 (1, 2)에 놓아본다.

이제는 두 번째 여왕 말을 (2, 4)에 놓을 수밖에 없다. 왜냐하면 첫 번째 여왕 말의 위협 때문에 (2, 1), (2, 2), (2, 3)에는 불가능하기 때문이다. 그리고 세 번째 여왕 말은 (3, 1)에 놓아본다.

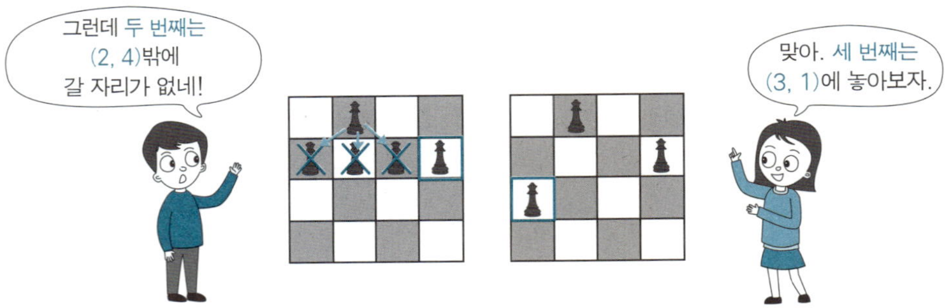

마지막 여왕 말은 세 번째 여왕 말 때문에 (4, 1)과 (4, 2)에는 놓을 순 없지만 (4, 3)에는 가능하다. 드디어 4개의 여왕 말이 성공적으로 장기판에 배치되었다.

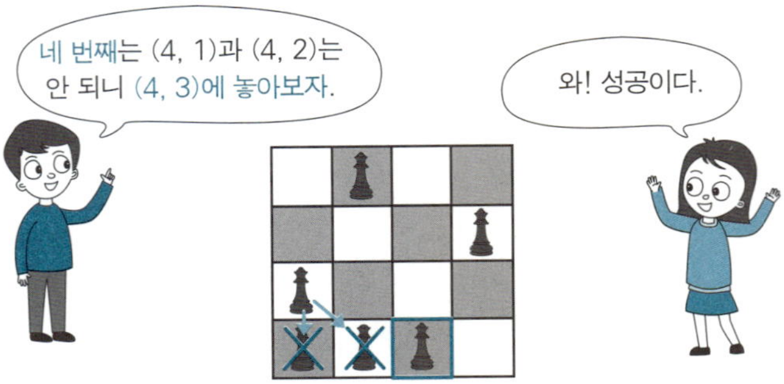

다음의 상태 공간 트리는 우리가 (1, 1)부터 여왕 말을 놓기 시작하여 4개의 여왕 말 모두를 성공적으로 배치하기까지의 모든 과정을 일목요연하게 보여준다. 트리에서 'x'로 표시된 노드는 막다른 곳에 도달한 것을 나타낸다.

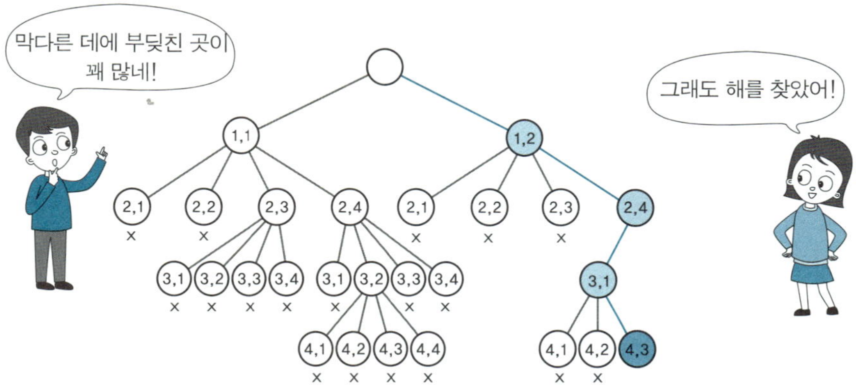

이번 Part에서 살펴본 문제들 중에서 여왕 말 문제와 색칠하기는 백트래킹 알고리즘으로 해결되는 가장 대표적인 문제이다. 미로 문제는 해결 방식이 다양하게 존재하며, 반드시 백트래킹 알고리즘으로만 해결해야 하는 것은 아니다. 숫자 선택 문제는 백트래킹 알고리즘보다 개선된 방식의 알고리즘인 분기 한정(Branch-and-Bound) 알고리즘을 사용하면 조금 더 빠르게 해결할 수 있다.

연습문제

문제1〉 미로의 입구에서 출발하여 어떤 경우에는 비교적 쉽게 출구를 찾는데 미로의 형태에 따라 매우 고생하기도 한다. 만일 우리가 실제 미로가 아니라 컴퓨터에서 미로의 입구로부터 출구까지의 경로를 보다 빠르게 찾는 방법을 알아보자.

〔답〕 입구와 출구로부터 동시에 양방향으로 경로를 찾는다. 즉, 입구로부터 출구를 찾기 시작하고, 동시에 출구로부터 입구를 찾기 시작하여 처음 서로 만나는 곳을 찾으면 만나기 직전까지 찾은 경로를 연결하여 입구로부터 출구까지 경로를 만든다.

문제2〉 숫자 선택 문제는 배낭 문제의 특수한 경우의 문제라고 할 수 있다. 어떤 경우에 배낭 문제와 숫자 선택 문제가 같은 문제가 되는지 알아보자.

〔답〕 배낭 문제에는 각 물건의 무게 w_i와 가치 v_i가 주어지고 배낭의 최대 용량이 주어진다. 그런데 각 물건의 가치가 자신의 무게와 같다면, 즉 $w_i = v_i$가 되면 배낭 문제에서 배낭에 가능한 한 물건들로 배낭에 가득 채울수록 그만큼 가치를 얻는다. 이때의 배낭 문제는 숫자 선택 문제와 같다. 왜냐하면 집합에 물건들의 무게들만 주어지고(가치는 무시) 배낭의 최대 용량이 숫자 선택 문제의 K와 같다고 볼 수 있기 때문이다.

문제3〉 색칠하기를 이용해 스도쿠 퍼즐을 해결할 수 있을까? 먼저 다음에 주어진 가로 4칸, 세로 4칸으로 이루어져 있는 표에 1부터 4까지의 숫자를 다음 규칙에 따라 채워 넣어보자. (원래의 스도쿠 표의 크기는 9x9이고, 1부터 9까지 숫자를 채워 넣는다.)

- **각 2×2 칸에 1부터 4까지 하나씩만 들어가야 한다.**
- **각 가로줄에 1부터 4까지 하나씩만 들어가야 한다.**
- **각 세로줄에 1부터 4까지 하나씩만 들어가야 한다.**

	4	1	
2			
	1		3

그리고 이렇게 숫자를 규칙에 따라 채운 것과 그래프 색칠하기가 왜 같은 문제인지 알아보자.

(답) 다음과 같이 총 16칸을 1부터 16까지 각각 이름을 부여한 후, 16개의 점을 가진 그래프를 만든다. 16개의 점을 스도쿠 표의 칸에 대응되도록 1에서 16으로 이름을 준다. 그리고 아래와 같이 서로 다른 숫자를 가져야 하는 두 칸에 대응되는 두 점을 간선으로 연결한다. 이렇게 그래프를 만들고 나면 4개의 색으로 그래프를 색칠할 수 있고, 4개의 색이 숫자 1, 2, 3, 4에 대응되어 스도쿠를 해결한다.

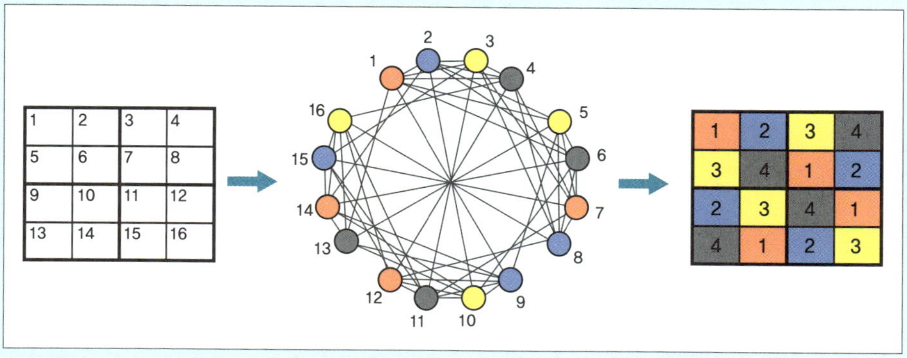

문제4〉 다음의 그래프를 색칠하는데 필요한 최소 색의 수를 각각 알아보자.

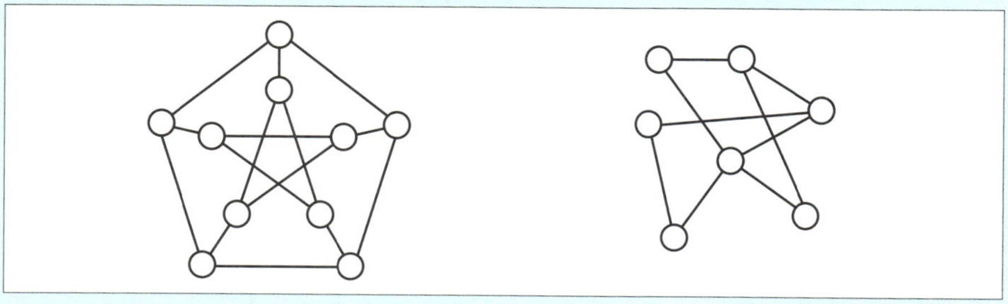

〔답〕 3색, 2색

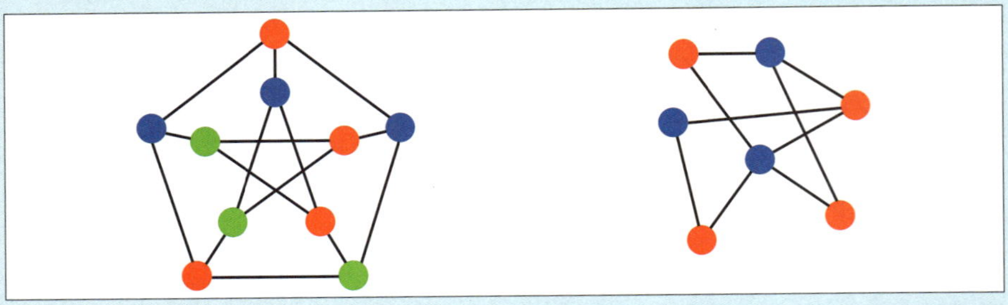

문제5〉 5x5 서양 장기판에서 5개의 여왕 말을 서로 위협하지 않도록 배치하여 보자.

〔답〕

A

미로

미로를 찾는 문제는 그리스 신화에서 유래된다. 당시 지중해의 크레타 섬을 통치하던 폭군 미노스(Minos) 왕이 있었다. 미노스 왕은 황소 머리에 하반신이 사람인 무서운 짐승 미노타우로스(Minotauros)에게 제물로 바치기 위해 아테네에 젊은 남녀를 조공으로 요구하였다. 조공으로 바쳐진 젊은이들은 지하에 있는 매우 광대하고 복잡한 미로 내부에 갇혔고, 그들은 미로를 탈출하지 못하여 미노타우로스에게 희생되었다.

이러한 비극이 계속되자 아테네의 청년 테세우스(Theseus)는 자발적으로 제물이 되기로 하였다. 그는 다행히 미노스 왕의 딸 아리아드네(Ariadne)의 도움으로 칼과 함께 실타래를 가지고 실을 풀면서 미로에 들어갔다. 그리고 마침내 테세우스는 미노타우로스를 칼로 죽이고, 실을 다시 감으면서 미로를 빠져나왔다고 한다.

그런데 실타래 없이도 출구를 찾는 방법은 현 위치에서 한 손을 벽에 댄 채로 계속 걸어가는 것이다. 이 방법을 사용하면 미로에 출구가 있는 한 반드시 출구를 찾을 수 있다.

3 STEP
2 STEP
1 STEP

Sorting Algorithms

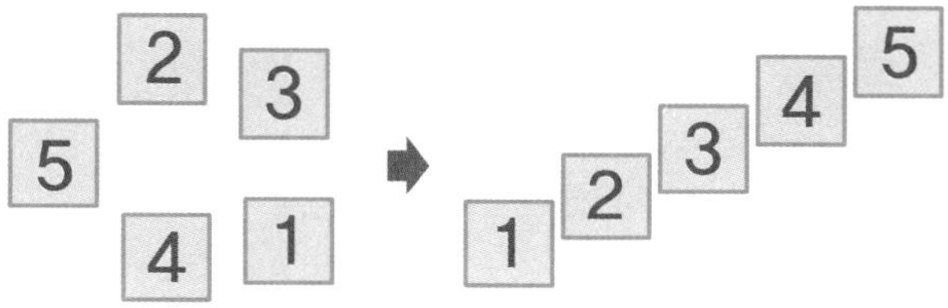

Part 7
재미있는 정렬

정렬 알고리즘은 컴퓨터 분야에서 가장 깊이 연구된 분야 중의 하나이다. 1956년 버블 정렬이 최초의 전자식 디지털 컴퓨터인 에니악[1]에서 수행된 이래로 수많은 정렬 알고리즘들이 고안되었다.

이 Part에서는 가장 기본적인 정렬 알고리즘인 버블 정렬과 버블 정렬의 단점을 개선한 칵테일 정렬을 살펴본다. 그리고 입력 크기가 작을 때 매우 우수한 삽입 정렬을 소개하고, 그 다음으로 Part 5의 가장 긴 순서를 찾는 문제와 연관된 카드 정렬을 알아보며, 마지막으로 빌 게이츠가 유일하게 작성한 연구 논문의 주제인 팬케이크 정렬을 살펴본다.

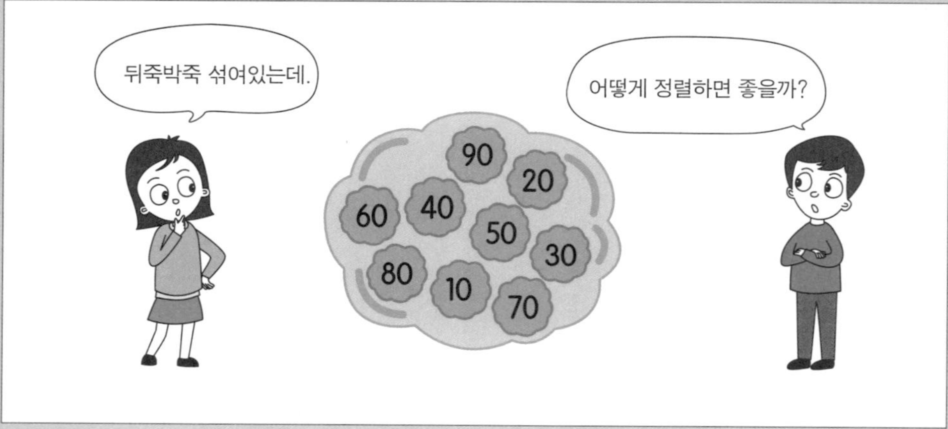

1) 에니악(ENIAC, Electronic Numerical Integrator and Calculator)

7-1

버블 정렬

버블 정렬(Bubble Sort)은 이웃하는 숫자를 비교하여 작은 수를 앞쪽으로 이동시키는 과정을 반복하여 정렬하는 알고리즘이다.

오름차순으로 정렬한다면, 작은 수는 배열[2]의 앞부분으로 이동하는데, 배열을 좌우가 아니라 상하로 그려보면 정렬하는 과정에서 작은 수가 마치 거품(Bubble, 버블)처럼 위로 올라가는 것을 연상케 한다.

버블 정렬의 수행 과정을 50, 40, 90, 10을 가지고 살펴보자.

- 먼저 첫 번째 숫자인 50과 이웃하는 40을 비교하고, 50이 크므로 40과 50의 자리를 바꾼다.
- 다음에는 자리가 바뀌어 두 번째가 된 50과 이웃하는 90과 비교한다. 이때는 50이 작으므로 자리를 바꾸지 않는다.
- 마지막으로 세 번째 숫자인 90과 이웃하는 10을 비교하고, 90이 크므로 90과 10의 자리를 바꾼다.

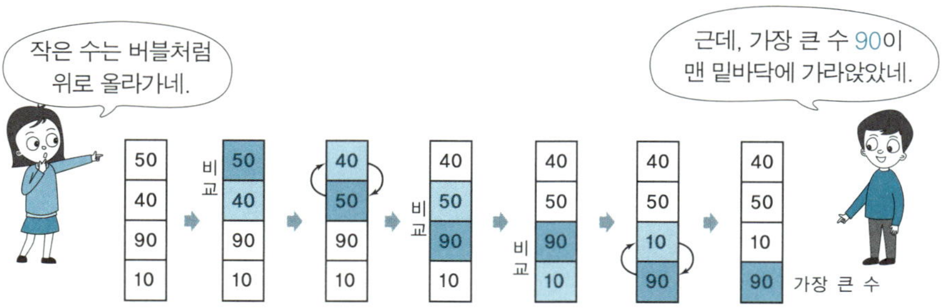

이렇게 입력을 전체적으로 1번 처리하는 것을 패스(Pass)라고 한다. 첫 번째 패스 후에 그 결과를 살펴보면, 작은 수는 버블처럼 위로 한 칸씩 올라갔다.

2) 배열은 정렬할 숫자들이 일렬로 저장된 곳이다.

그런데 첫 번째 패스 후 무거운(큰) 수의 측면에서 결과를 관찰해보면, 가장 큰 수가 맨 밑바닥에 가라앉았다.

두 번째 패스가 수행되는 과정에서는 40과 50을 비교하나 40이 작으므로 자리바꿈을 하지 않으나 50과 10의 경우 50이 크므로 서로의 자리를 바꾼다. 역시 눈여겨보아야 할 것은 두 번째로 큰 수인 50이 이미 제자리를 잡은 90의 위에 가라앉는다는 것이다.

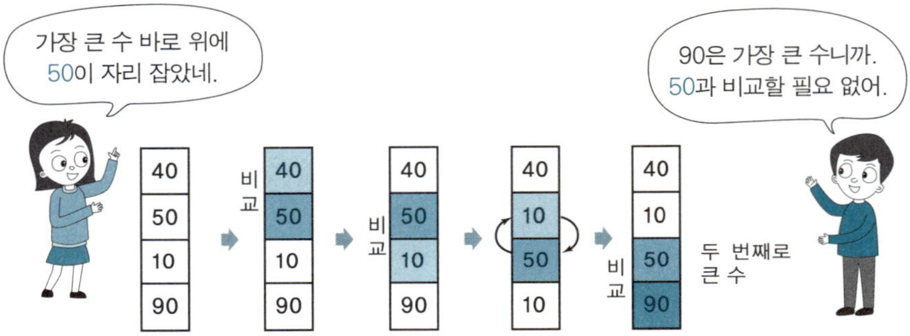

마지막 패스에서는 이웃하는 숫자들의 비교를 통해 40과 10이 서로 자리를 바꾸었고, 나머지는 자리바꿈을 하지 않는다. 역시 여기서도 세 번째로 큰 수인 40이 두 번째로 큰 수인 50의 위에 가라앉았다.

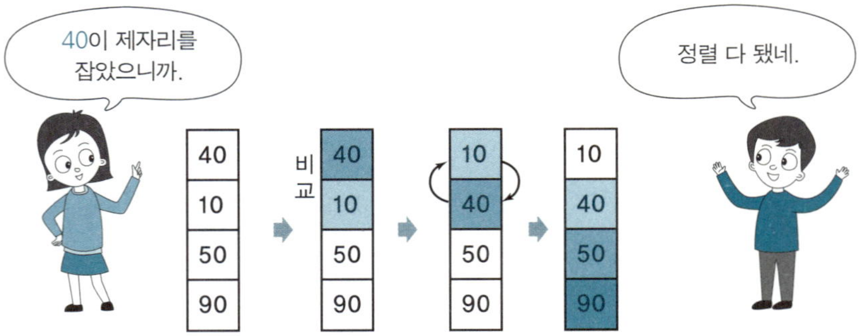

일반적으로 N개의 숫자가 있으면 최대 (N-1)번의 패스가 수행된다. 앞의 예제를 살펴보면, 두 번째 패스에서 50과 90의 비교는 불필요하다. 왜냐하면 90이 가장 큰 수이기 때문이다. 마찬가지로 세 번째 패스에서 40과 50, 50과 90을 비교할 필요가 없다.

7-2

칵테일 정렬

칵테일 정렬(Cocktail Sort)은 버블 정렬의 단점을 보완하는 정렬 알고리즘이다.

버블 정렬에서 한번 숫자들을 위에서 아래로 비교하며 자리 교환을 마친 후 그 결과를 살펴보면 가장 큰 수는 토끼같이 빠르게 아래쪽으로 내려가서 제자리를 잡지만, 작은 수들은 기껏해야 한 칸씩 거북이처럼 위로 올라간다.

칵테일 정렬은 작은 수에게도 토끼가 될 기회를 주자는 것이다.

칵테일 정렬은 홀수 번째 패스에서 버블 정렬처럼 위에서 아래 방향으로 이웃한 숫자들을 비교하며 위에 있는 숫자가 크면 서로 교환한다. 그리고 짝수 번째 패스에서는 아래에서 위 방향으로 이웃한 숫자를 비교하여 아래에 있는 숫자가 작으면 서로 교환한다. 이는 마치 칵테일을 만들 때 위 아래로 흔드는 것과 같다고 해서 정렬 이름을 칵테일 정렬이라 부른다.[3)]

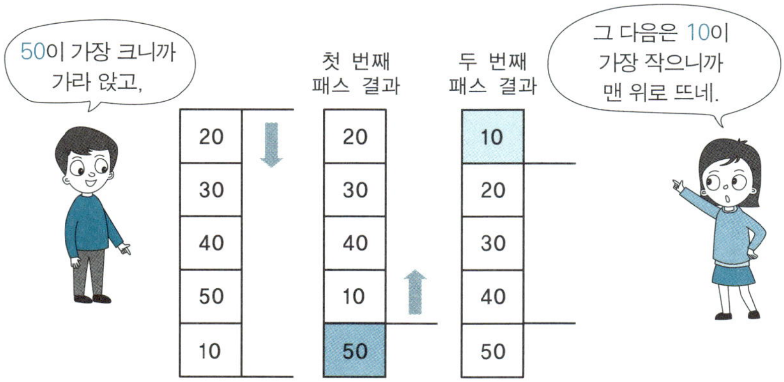

3) 칵테일 정렬을 양방향 버블 정렬이라 부르기도 하고, 쉐이커(Shaker) 정렬이라고도 부른다.

칵테일 정렬은 버블 정렬의 단점을 보완해주기는 하지만 다른 효율적인 정렬 알고리즘들보다 성능이 떨어지기 때문에 실생활에서 사용되지는 않는다.

그러나 칵테일 정렬이 주는 교훈은 한 방향으로만 치우쳐 수행하는 알고리즘을 양방향으로 수행하도록 변형을 주었다는 데 있다. 즉, 칵테일 정렬은 일반적인 문제를 해결하기 위한 알고리즘을 고안할 때 요구되는 사고의 유연성을 보여주는 아주 좋은 본보기이다.

7-3 삽입 정렬

삽입 정렬(Insertion Sort)은 나열된 숫자들의 앞부분은 정렬된 상태를 항상 유지하면서 정렬이 안 된 뒷부분의 가장 왼쪽 숫자를 앞부분의 적절한 위치에 삽입하여 정렬되도록 하는 과정을 반복한다. 아래의 그림은 정렬이 아직 안 된 부분의 가장 왼쪽 숫자인 50을 정렬된 부분에 삽입하는 과정을 보여준다.

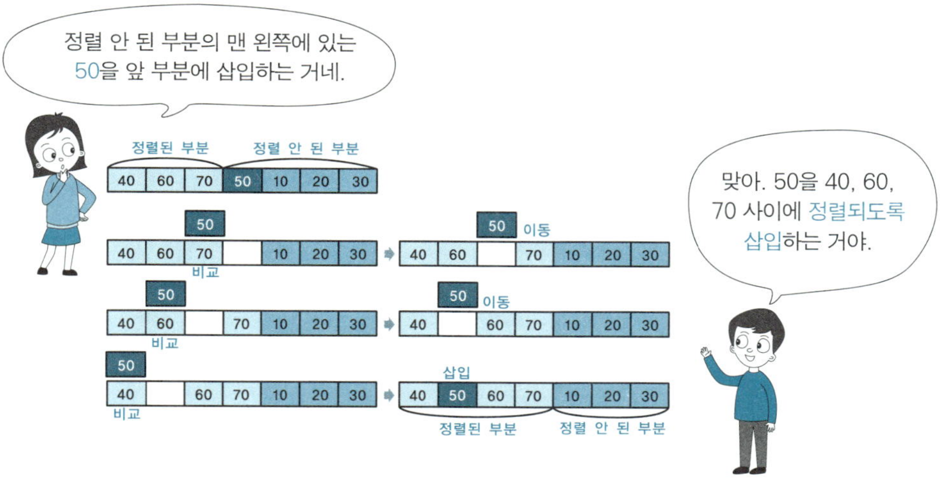

따라서 정렬 안 된 부분의 숫자 하나를 정렬된 부분에 삽입함으로써, 정렬된 부분의 숫자가 1개 늘어나고, 동시에 정렬 안 된 부분의 숫자가 1개 줄어든다. 이를 반복하여 수행하면, 마지막에는 정렬 안 된 부분에는 아무 숫자도 남지 않고, 모든 숫자가 정렬된다.

삽입 정렬은 손에든 카드를 크기순으로 정렬하는 것과 같다. 다음 일련의 그림은 삽입 정렬을 통해 손에든 카드가 정렬되는 과정을 보여준다.

먼저 맨 왼쪽의 10은 놔두고 (정렬된 부분으로 여기고), 두 번째 카드인 5를 앞부분에 정렬이 되도록 삽입한다.

다음은 7을 앞부분에 5, 7, 10이 되도록 삽입한다.

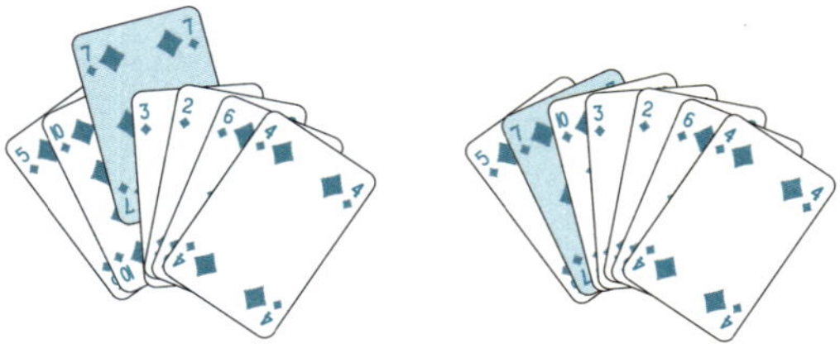

이와 같이 차례로 정렬 안 된 부분의 맨 왼쪽 카드를 앞부분에 정렬되도록 삽입하면 모든 카드가 정렬된다.

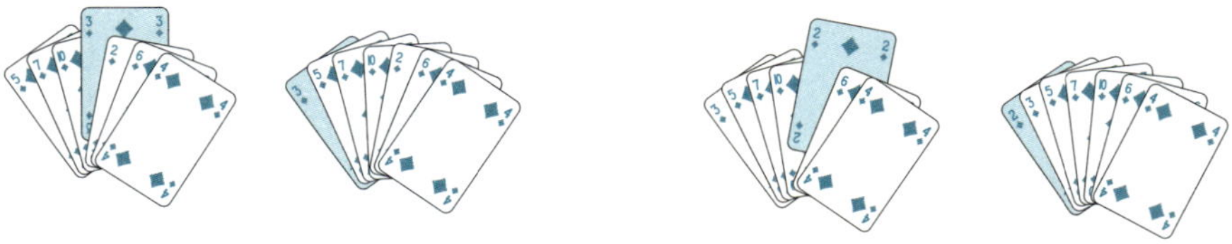

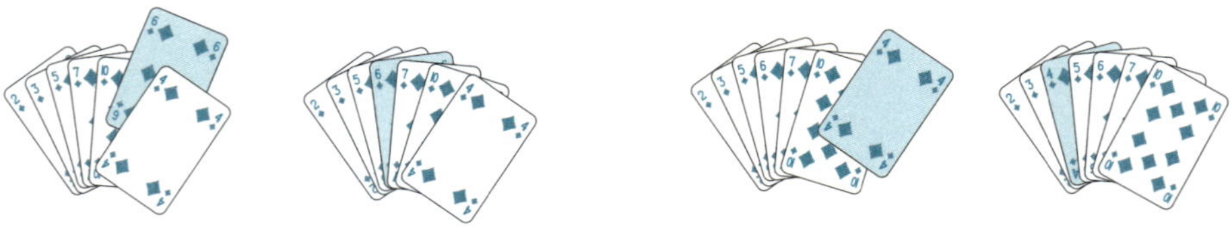

삽입 정렬은 실제로 다른 정렬의 보조 역할을 하는 매우 중요한 정렬이다.[4] 그 이유는 정렬할 숫자가 아주 많으면 삽입 정렬은 정렬하는 데 매우 오랜 시간이 걸리나 정렬할 숫자가 적으면, 예를 들어 40~50개 이하면 삽입 정렬이 다른 정렬에 비해 우수한 성능을 보이기 때문이다.

4) 합병 정렬이나 퀵 정렬이 수행될 때에 입력 크기가 작아지면 삽입 정렬이 사용된다. 또한 파이썬이나 최신 버전의 자바의 라이브러리(이미 구현되어 프로그래머가 불러서 사용할 수 있도록 미리 만들어 놓은 프로그램)에 있는 정렬 알고리즘인 팀 정렬에서도 삽입 정렬이 부분적으로 사용된다.

7-4

카드 정렬

카드 정렬[5)]은 심심풀이로 혼자서 카드를 가지고 노는 게임을 이용하여 숫자를 정렬한다. 이 카드 게임은 다음과 같은 규칙에 따라 카드를 여러 더미로 분류한다. 정렬하고자 하는 카드 뭉치에서 카드를 차례로 하나씩 가져와서,

> 가장 왼쪽 더미부터 맨 위에 있는 카드와 새 카드를 비교하여, 새 카드가 같거나 작으면 새 카드를 그 더미 맨 위에 올려놓는다.

만일 새 카드를 어떤 더미에도 올리지 못했으면, 새 카드 자신이 새 더미가 되며, 새 더미는 맨 오른쪽 더미의 오른쪽에 만든다.

일단 카드를 가지고 위의 규칙에 따라 게임을 하는 과정을 살펴보자.

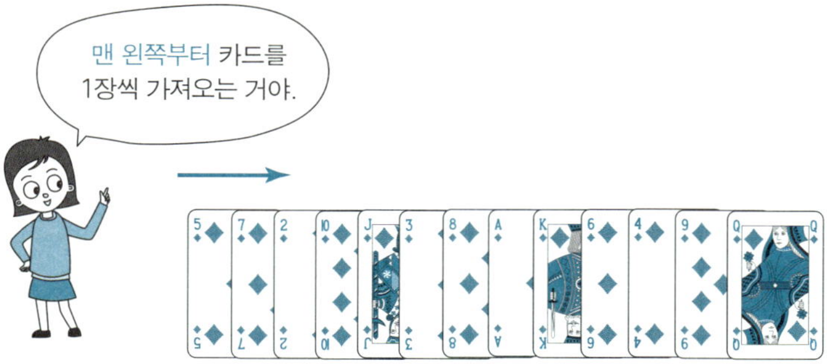

첫 번째 카드인 5를 가져다가 새 더미를 만든다. 왜냐하면 아직 만들어진 더미가 없기 때문이다.

5) 카드 정렬은 끈기 정렬(Patience Sort)로 알려져 있다. 끈기 정렬은 혼자서 하는 카드 게임으로서 카드를 일정한 규칙에 따라 분류하는 것이 목적이다. 이 게임은 솔리테르(Solitaire)라고도 불린다.

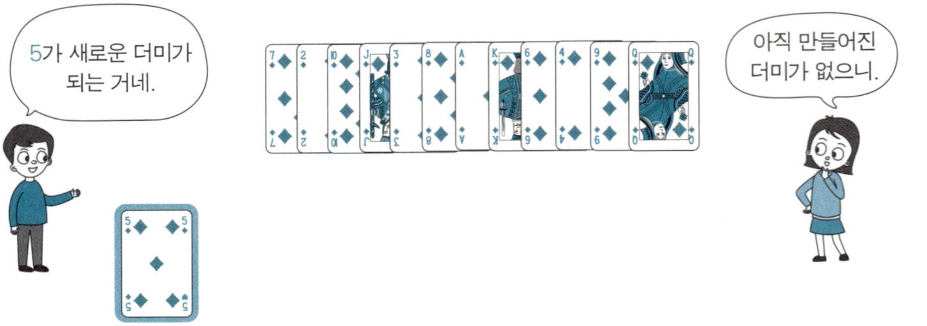

다음 카드인 7을 가져와서 첫 번째 더미의 5와 비교한다. 7이 5보다 크므로 5 위에 7을 올려놓을 수 없다. 따라서 5가 있는 더미의 바로 오른쪽에 7로 새로운 더미를 만든다.

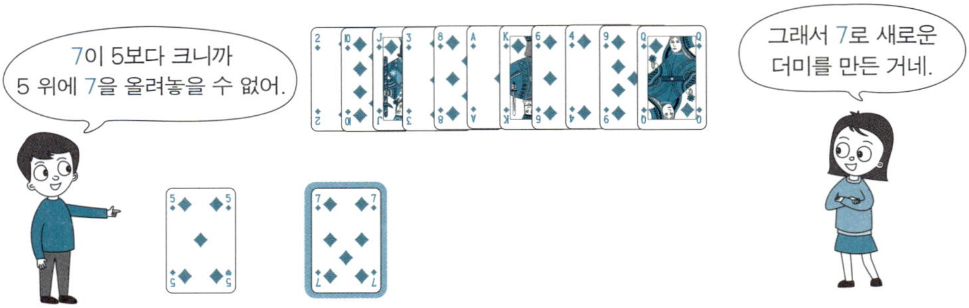

이제 2를 가져와서 맨 왼쪽 더미의 5와 비교한다. 2가 5보다 작으므로 2를 5 위에 올려놓는다.

그 다음은 10을 가져와서 첫 더미의 맨 위 카드 2, 두 번째 더미의 7과 비교하지만 10이 각각 크므로 어디 위에도 올릴 수 없다. 따라서 7이 있는 더미의 바로 오른쪽에 10으로 새 더미를 만든다.

J도 2, 7, 10보다 크므로 어디에도 위에 올릴 수 없다. 따라서 10이 있는 더미의 바로 오른쪽에 J로 새 더미를 만든다.

다음은 3을 가져와서 2와 비교하니 3이 2보다 크다. 그러나 다음 더미의 7과 비교하니 3이 작다. 따라서 3을 7 위에 올려놓는다.

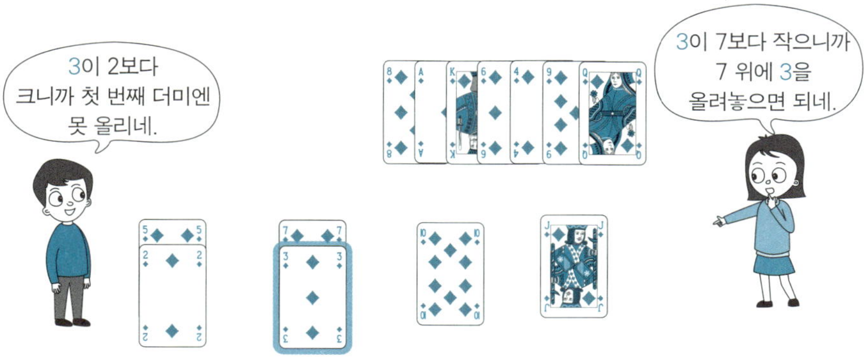

계속해서 차례대로 카드를 하나씩 가져와서 규칙에 따라 카드를 더미에 놓은 것을 다음 일련의 그림들이 차례로 보여준다.

8은 2보다 크고,
3보다 크고, 10보다
작으니까.
8을 10 위에
올려놓으면 돼.

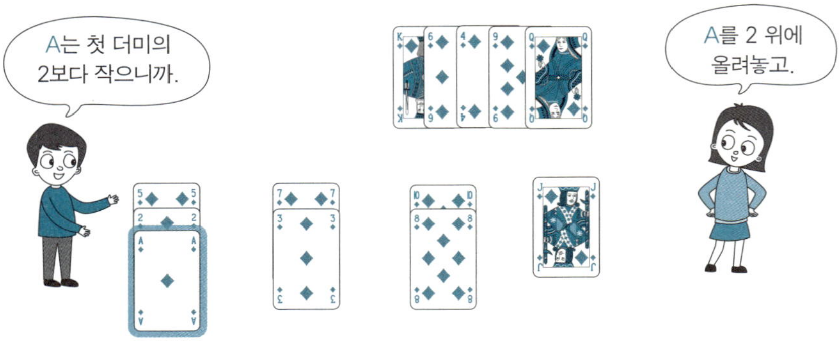
A는 첫 더미의
2보다 작으니까.
A를 2 위에
올려놓고.

K로 새로운 더미를
만들어야지.
맞아! K는 모든 더미의
맨 위에 있는 카드들보다
크니까.

6은 A, 3보다 크고,
8보다 작으니까.
6은 8 위에다
올려놓으면 되네.

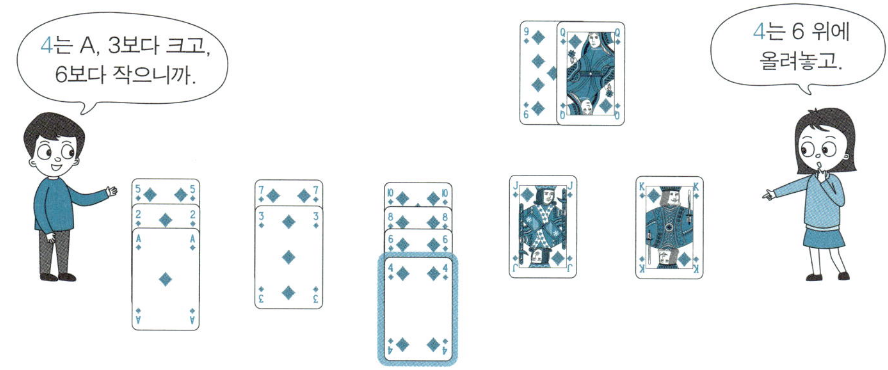

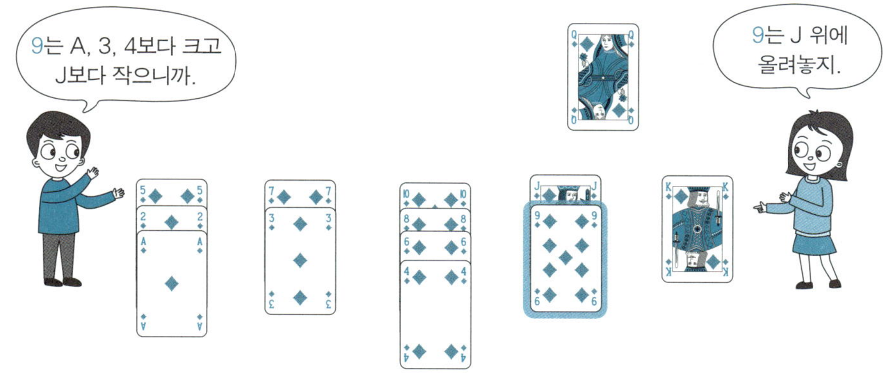

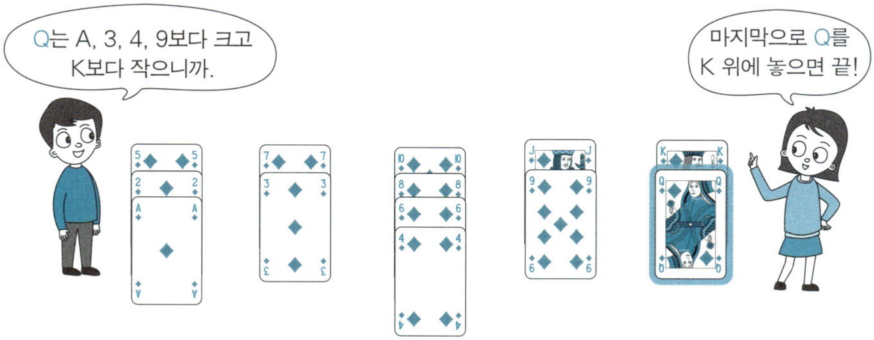

모든 카드를 규칙에 따라 더미로 분류하면 혼자서 플레이하는 카드 게임은 끝난다. 이제 게임이 끝난 후 만들어진 더미를 가지고 원래의 목적이었던 카드를 정렬해보자.

게임 후에 만들어진 각 더미를 살펴보면 더미에 있는 카드들끼리 정렬되어 있는 것을 알 수 있다.

각 더미에 쌓여있는 카드들끼리 정렬된 이유는 더미의 맨 위의 카드보다 새 카드가 작을 때에만 새 카드를 더미 맨 위에 올려놓았기 때문이다. 카드 정렬은 각 더미의 카드들끼리 정렬된 것을 이용하여 다음의 규칙에 따라 카드를 가져다 차례로 모아 놓음으로써 정렬을 완성한다.

> 모든 더미의 맨 위 카드 중에 가장 작은 카드를 가져다가 차례로 모아놓는다.

A, 3, 4, 9, Q 중에서 A가 가장 작으므로 먼저 A를 가져온다.

그 다음엔 2, 3, 4, 9, Q 중에서 2가 가장 작으므로 2를 가져와 A의 오른쪽에 놓는다.

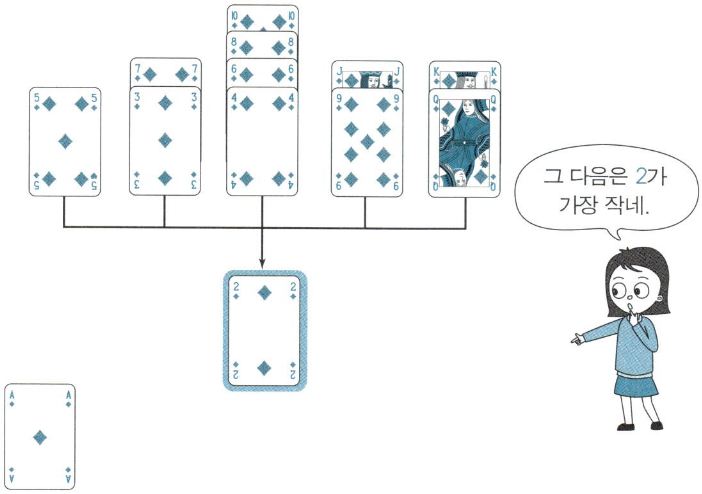

다음 그림들은 계속해서 각 더미의 맨 위에 있는 카드 중에서 가장 작은 카드를 가져와 차례대로 모아 놓는 과정을 보여준다.

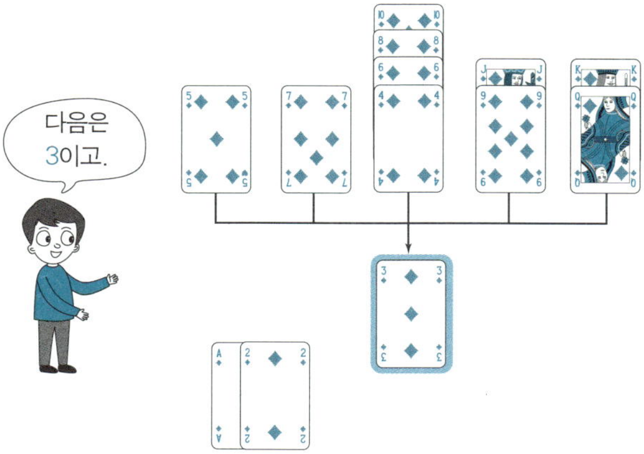

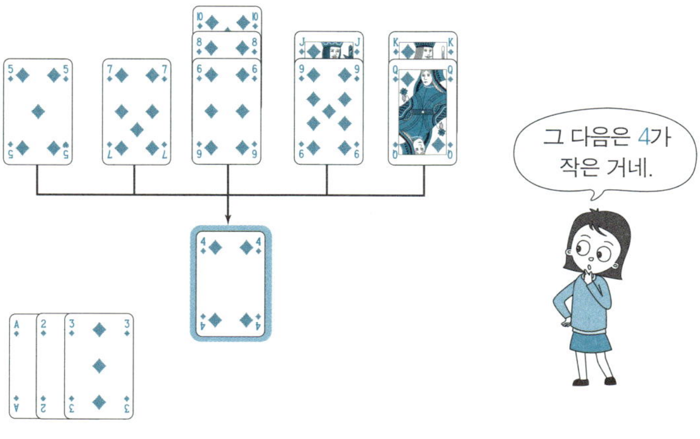

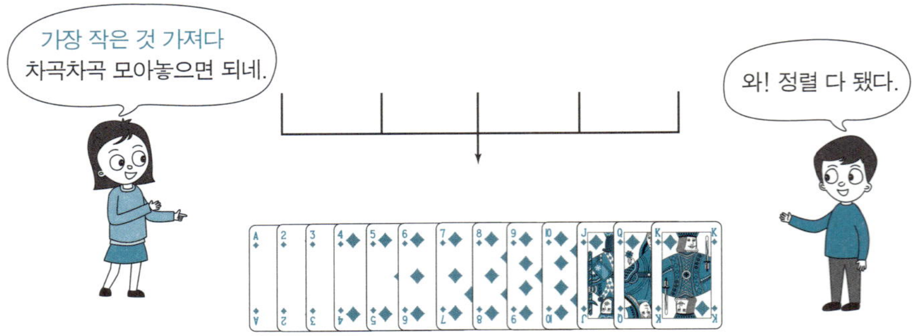

이처럼 각 더미의 맨 위에 있는 카드 중에서 가장 작은 카드를 가져와서 차례대로 모아놓으면 정렬이 완성된다.

그런데 정렬하기 직전, 즉 카드 게임이 끝났을 때, 주의 깊게 살펴보면, 카드 더미 속에 가장 긴 증가 순서가 숨겨져 있는 것을 알 수 있다.

먼저 카드 게임을 하기 전에 일렬로 주어진 카드들을 살펴보면 [5, 7, 10, J, K]가 가장 긴 증가 순서이고, 또 다른 순서인 [2, 3, 4, 9, Q]도 같은 길이의 증가 순서가 있다.

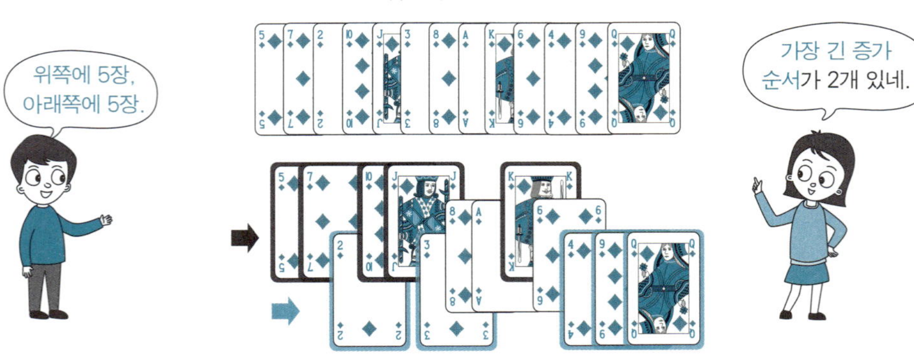

그런데 카드 게임이 끝난 후에 만들어진 더미를 살펴보면 똑같은 증가 순서인 [5, 7, 10, J, K]와 [2, 3, 4, 9, Q]가 보인다. 그리고 더미 수는 가장 긴 증가 순서의 길이와 같다는 것도 아울러 알 수 있다.

카드 게임 후에 만들어진 더미들

그러면 어떻게 카드 더미에서 가장 긴 증가 순서를 찾을 수 있을까?

그 답은 새 카드가 자신의 자리에 놓인 이유가 당시에 바로 직전 더미의 맨 위에 있는 카드보다 새 카드가 큰 수를 가졌기 때문이라는 두 카드의 관계를 두 카드 사이에 화살표로 표시해놓는 것이다.

다음 그림은 카드 게임을 하면서 새 카드를 더미 위에 놓을 때마다 직전 더미의 맨 위에 있는 카드를 가리키는 화살표를 가리키게 한 것이며, 5→7→10→J→K와 2→3→4→9→Q가 화살표들로 연결된 것을 보여준다.

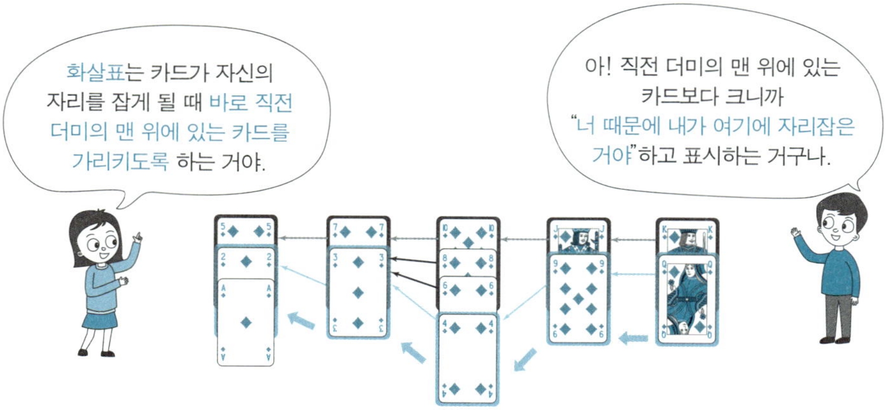

그 후에 맨 오른쪽 더미로부터 카드 하나를 선택하여 화살표를 따라 역추적하면 가장 긴 순서를 찾는다.

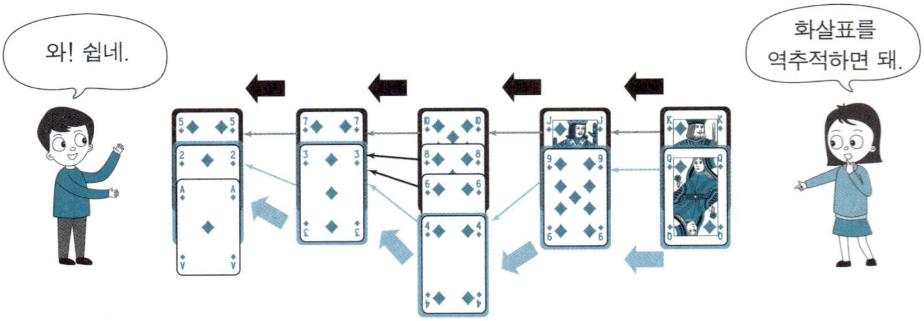

Part 5에서는 동적 계획 알고리즘으로 가장 긴 순서 문제를 해결하였는데 여기서는 카드 게임을 이용해서 가장 긴 증가 순서를 찾았다. 하나의 문제를 전혀 다른 방법으로도 해결할 수 있는 것을 보여준 예이다.

7-5

팬케이크 정렬

팬케이크 정렬은 접시에 담긴 크기가 제각각인 팬케이크들을 뒤집개를 사용하여 크기 순서로 정렬하는 것이다. 뒤집개는 팬케이크 사이에 끼울 수 있으며, 들어 올린 팬케이크 전체를 역순으로, 즉 뒤집어 놓을 수 있다.

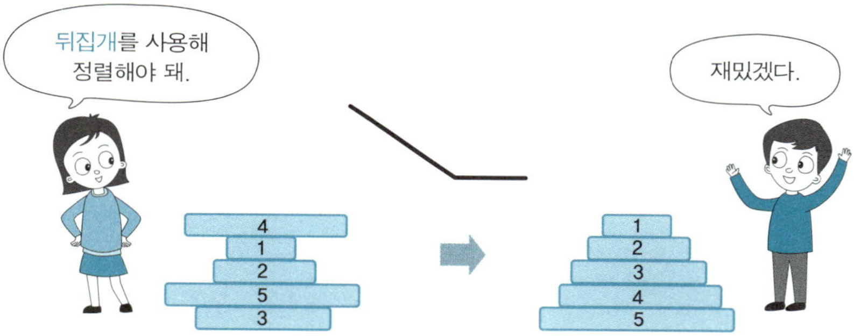

팬케이크 정렬은 마이크로소프트의 빌 게이츠(Bill Gates)가 하버드대학 2학년 때 뒤집개로 팬케이크를 뒤집는 수를 줄이기 위한 알고리즘을 연구하여 졸업 후에 하버드대학 교수와 같이 작성한 연구 논문의 주제이기도 하다.

정렬하려면 뒤집개를 어디엔가 끼워 넣어 뒤집개 위의 팬케이크들을 뒤집어야 한다. 뒤집개를 어디에 끼워 넣어야 할지 한번 알아보자. 먼저 맨 위에 있는 한 개의 팬케이크를 뒤집개로 들어 올려 뒤집어 놓으면 무슨 변화가 있을까? 그 결과는 두 번째부터 맨 아래에 있는 팬케이크들은 건드리지도 못했으며, 맨 위에 있는 팬케이크 하나만 앞뒤를 바꾸어 놓았을 뿐이다.

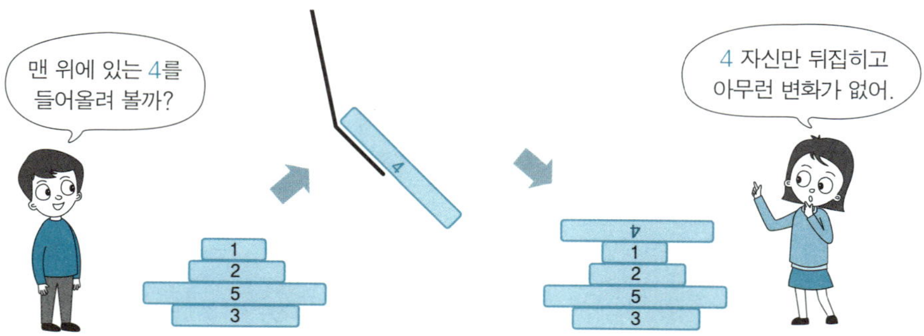

이번에는 가장 작은 것을 찾아서 그 밑에 뒤집개를 끼워 넣어 들어 올려 뒤집어 보자. 그러면 가장 작은 것이 맨 위에 올라와서 일단 정렬에 한 걸음 가까이 간 듯하다. 그런데 두 번째로 작은 것을 찾아 들어 올려 뒤집어 놓으면 가장 작은 것이 두 번째로 작은 것이 있던 자리로 가버린다. 가장 작은 것이 맨 위에 올라온 후에 다른 곳으로 이동했으니, 애초에 가장 작은 것을 맨 위에 올려놓은 일은 허사가 된 셈이다.

그렇다면 가장 큰 것을 찾아 그 밑에 뒤집개를 끼워 들어 올려 뒤집어 보자. 그러면 가장 큰 것이 맨 위에 놓인다. 여기서 팬케이크 전체를 들어 올려 뒤집어 놓으면 가장 큰 것이 맨 밑바닥에 놓인다. 일단 정렬에 한 걸음 가까이 간 셈이다. 이때 가장 큰 것은 맨 밑바닥에 있고 제자리를 잡은 것이니 마치 접시에 붙어있다고 생각하여 무시하면 정렬을 성공적으로 수행할 수 있다.

한번 제자리를 잡은 팬케이크들은 이후의 정렬 과정에서 없는 것으로 간주한다. 이는 버블 정렬에서 가장 큰 것이 바닥에 가라앉은 경우와 같다.

팬케이크 정렬 알고리즘은 다음의 두 단계의 과정을 반복하여 정렬을 완성한다.

> [1] 아직 정렬 안 된 팬케이크 중에서 가장 큰 것을 찾아서 그 밑에 뒤집개를 끼워 넣고 들어 올려서 180° 뒤집어 가장 큰 것이 맨 위에 오도록 만든다.
> [2] 정렬이 아직 안 된 팬케이크 중에서 맨 아래에 있는 팬케이크 바로 밑에 뒤집개를 끼워 넣고 들어올려서 180° 뒤집어 내려놓는다.

크기가 4, 1, 2, 5, 3인 팬케이크가 위에서 아래로 놓여있을 때, 위의 알고리즘에 따라 팬케이크를 정렬해보자.

먼저 가장 큰 팬케이크를 찾는다. 즉, 5를 찾아서 5 밑에 뒤집개를 넣은 후, 뒤집개를 들어 올려 뒤집어서 5가 맨 위에 오도록 만든다.

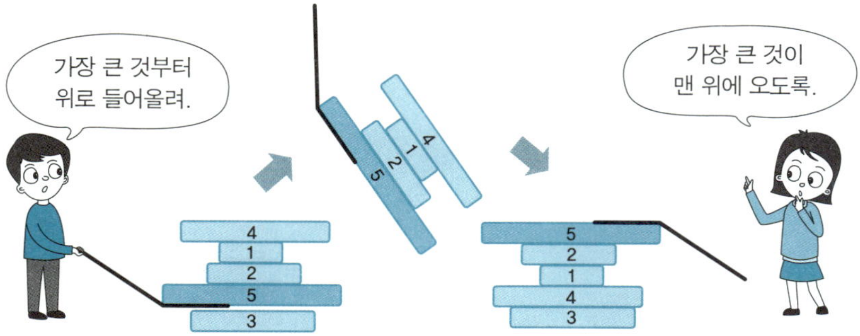

그 다음엔 팬케이크 전체를 뒤집어 놓으면 가장 큰 5가 맨 밑에 자리 잡는다. 이후 알고리즘은 이렇게 제자리를 잡은 5는 절대로 건드리지 않는다.

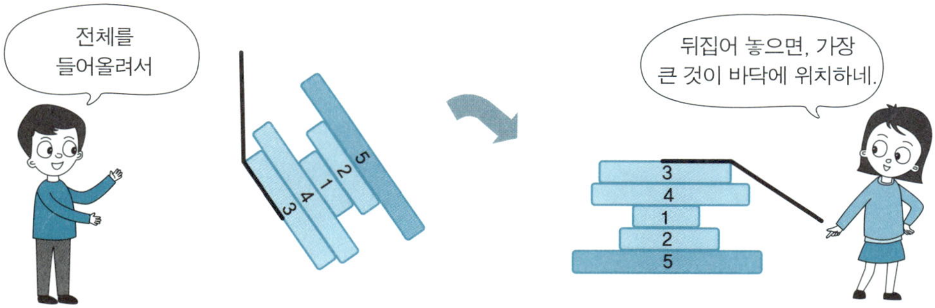

이제는 제자리를 잡은 5는 제외하고 똑같은 작업을 수행한다. 즉, 정렬 안 된 것 중에서 가장 큰 4를 찾아서, 4 밑에 뒤집개를 넣은 후, 뒤집개를 들어 올려 뒤집어서 4가 맨 위에 온다.

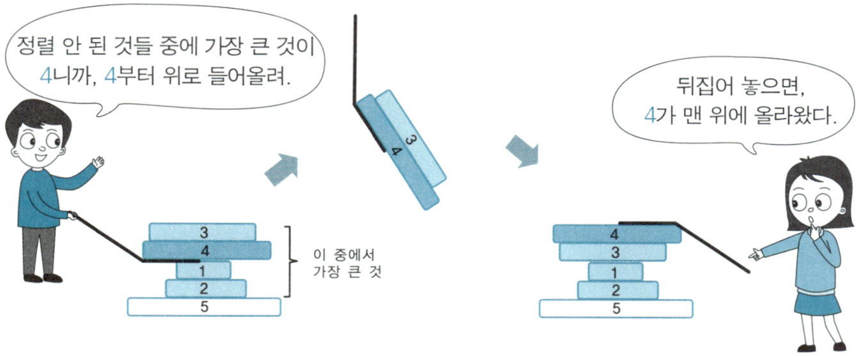

그리고 2 밑에 뒤집개를 넣어 (왜냐하면 5는 제자리를 이미 잡은 것이므로) 그 위의 것들을 뒤집어 놓으면 4가 5 바로 위에 놓인다.

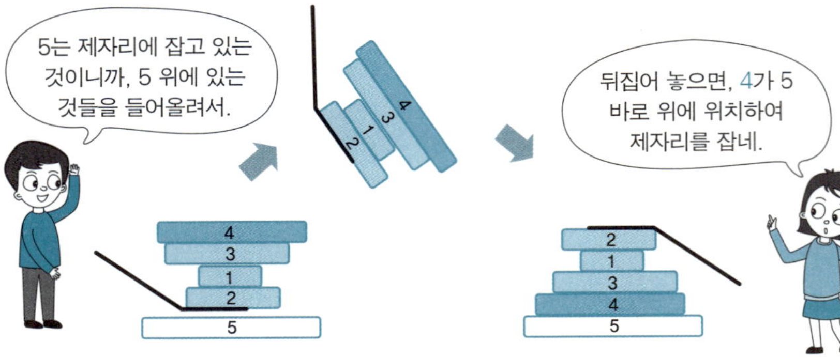

다음은 가장 큰 3을 찾아서, 다음 그림과 같이 뒤집개로 두 번 뒤집으면 3이 제자리를 잡는다.

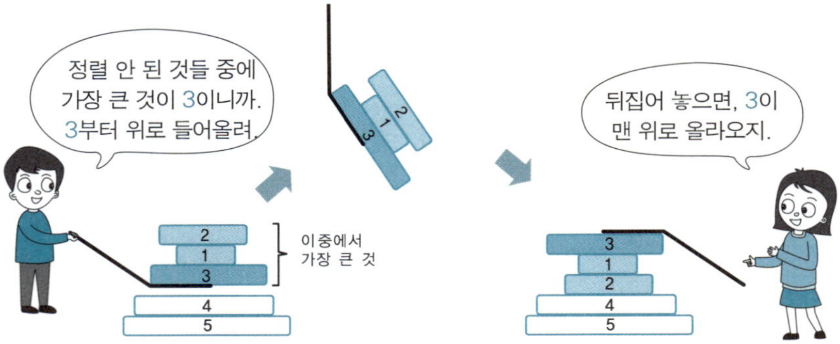

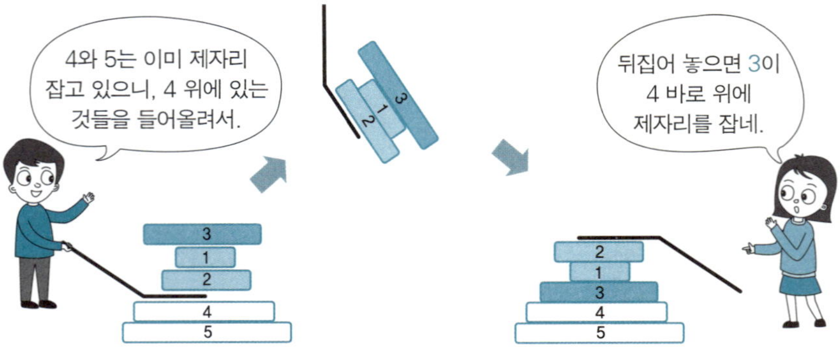

마지막으로 2가 맨 위에 이미 올라와 있으므로 1 밑에 뒤집개를 넣어 그 위의 것들을 뒤집어 놓으면 정렬이 완성된다.

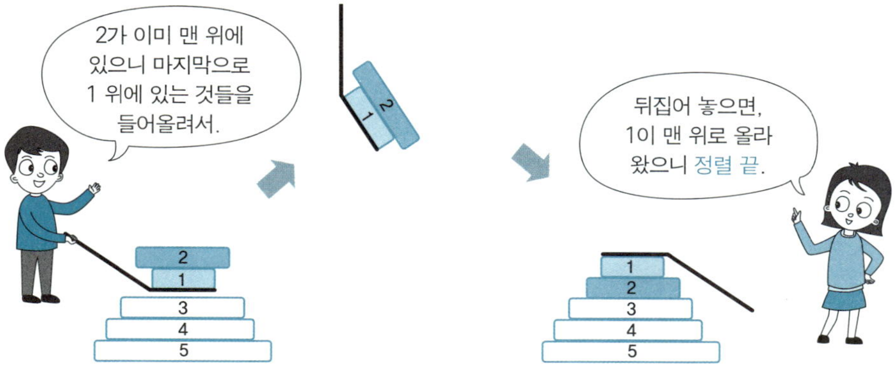

지금까지 알려진 정렬 알고리즘은 수십여 개에 이른다. 이 중에서 실제로 사용되는 정렬 알고리즘은 손가락에 꼽을 정도이다. 이 Part에서는 간단하고 재밌는 몇 개의 정렬 알고리즘을 살펴본 것이다.[6)]

6) 팬케이크 정렬은 일반적인 데이터를 정렬하는데 사용되지 않으며, 유전자 재배열과 같은 아주 특수한 경우에만 사용된다.

연습문제

문제1〉 다음의 숫자들에 대해 버블 정렬을 사용하여 숫자들이 정렬될 때까지 몇 번의 패스를 수행했는지 계산해보자.

2 3 4 5 6 1

〔답〕 2 3 4 5 1 6 (패스 1) 2 3 4 1 5 6 (패스 2) 2 3 1 4 5 6 (패스 3) 2 1 3 4 5 6 (패스 4) 1 2 3 4 5 6 (패스 5), 총 5번의 패스가 수행되었다.

문제2〉 다음의 숫자들에 대해 칵테일 정렬을 사용하여 숫자들이 정렬될 때까지 몇 번의 패스를 수행했는지 계산해보자.

2 3 4 5 6 1

〔답〕 2 3 4 5 1 6 (패스 1) 1 2 3 4 5 6 (패스2), 총 2번의 패스가 수행되었다.

문제3〉 다음의 숫자들에 대해 삽입 정렬을 수행하여 정렬될 때까지 총 비교 횟수를 각각 계산해보자.

(a) 5 4 3 2 1

(b) 2 1 4 3 5

〔답〕 (a) 4 5 3 2 1 (1번) 3 4 5 2 1 (2번) 2 3 4 5 1 (3번) 1 2 3 4 5 (4번)

총 1+2+3+4 = 10번의 숫자 비교를 수행하였다.

(b) 1 2 4 3 5 (1번) 1 2 4 3 5 (1번) 1 2 3 4 5 (2번) 1 2 3 4 5 (1번)

총 1+1+2+1 = 5번의 숫자 비교를 수행하였다.

문제4〉 카드 정렬의 카드 게임을 이용해 가장 긴 순서를 찾아보자.

5 2 8 6 4 6 1 9 3

〔답〕 〔5〕

〔5 2〕

〔5 2〕 〔8〕 2←8 (8이 2 때문에 다음 더미에 놓이게 되었다는 의미)

〔5 2〕 〔8 6〕 2←6 (6이 2 때문에 다음 더미에 놓이게 되었다는 의미)

〔5 2〕 〔8 6 4〕 2←4 (4가 2 때문에 …)

〔5 2〕 〔8 6 4〕 〔6〕 4←6 (6이 4 때문에 …)

〔5 2 1〕〔8 6 4〕 〔6〕

〔5 2 1〕〔8 6 4〕 〔6〕〔9〕 6←9 (9가 6 때문에 …)

〔5 2 1〕〔8 6 4 3〕〔6〕〔9〕 1←3 (3이 1 때문에 …)

따라서 가장 마지막 더미의 9로부터 역추적하면 9→6→4→2의 역순인 〔2 4 6 9〕가 바로 가장 긴 순서이다.

문제5〉 다음의 숫자들에 대해 팬케이크 정렬을 수행하여 정렬될 때까지 총 몇 번 뒤집개로 뒤집었는지 계산해보자.

(위) 1 3 5 2 4 (아래)

〔답〕 총 5번

1 3 5 2 4 → 5 3 1 2 4 → 4 2 1 3 5 → 3 1 2 4 5 → 2 1 3 4 5 → 1 2 3 4 5

A

다양한 정렬 알고리즘들

수십여 개의 정렬 알고리즘들이 위키피디아에 분류되어 소개되어 있다. 다음은 위키피디아에서 모아놓은 정렬 알고리즘들을 중요성을 감안하여 워드 클라우드(Word Cloud)를 만들어본 것이다.

이렇게 많은 정렬 알고리즘 중에서 대학교의 컴퓨터 전공에서 다루는 알고리즘은 기껏해야 6~7개이다. 그 이유는 이 정렬 알고리즘들만이 실제로 사용되거나 부분적으로 사용되기 때문이다. 그러나 현재 수많은 사람이 사용하는 프로그래밍 언어인 파이썬이나 자바의 라이브러리에서 사용되는 정렬 알고리즘은 팀 정렬(Tim Sort)이다. 자바에서는 팀 정렬과 2개의 피벗을 사용하는 퀵 정렬인 이중 피벗 퀵 정렬(Dual-Pivot Quick Sort) 알고리즘을 함께 사용한다.

라이브러리(Library)란 프로그래밍의 효율화를 위해 미리 만들어놓은 작은 프로그램들의 모임이다. 따라서 프로그래머가 자신의 프로그램에서 정렬이 필요하면 처음부터 정렬 알고리즘을 코딩하지 않고 해당 라이브러리를 호출하여 사용하면 많은 시간을 절약할 수 있다.
팀 정렬은 삽입 정렬(Insertion Sort)과 합병 정렬(Merge Sort)를 사용하며 입력에 이미 정렬된 부분을 활용하여 다른 정렬 알고리즘들보다 빠르게 정렬한다.

이중 피벗 퀵(Dual Pivot Quick) 정렬은 2개의 피벗($p_1 < p_2$)을 사용하며 입력을 세 부분(p_1보다 작은 것들, p_1과 p_2 사이의 것들, p_2보다 큰 것들)으로 나누어 정렬한다. 이중 피벗 퀵 정렬은 피벗을 하나 사용하는 일반 퀵 정렬보다 성능이 우수하여 최신 버전 자바에서 시스템 정렬로 사용되고 있다.